Inhalt

Die Bäume und Sträucher in diesem Buch sind nach Blattformen geordnet. Vergleiche die Blätter und finde die richtige Art.

Blätter mit gelapptem Rand

Holger Haag

Welcher BAUM ist das?

85 HEIMISCHE BÄUME & STRÄUCHER

KOSMOS

Impressum

Mit Illustrationen von: Marianne Golte-Bechtle/Kosmos (66): S. 11, 13 r., 15 r., 16, 17, 18, 19, 20, 21 l., 22 l., 23 l., 26, 27, 28 m., 30, 32 l., 33, 34, 36 o.r., m.r., u.r., 39 r. beide, 47, 48 l., 49, 50, 51, 52 r., 58, 59, 63, 69, 70, 75, 76, 77, 82, 85, 84 r., 87, 91, 95, 96, 97 o., 99 o.r., 103 o.; Paschalis Dougalis (2): S. 36 u.l., 62 u.; Sigrid Haag/Kosmos (3): S. 22 r., 99 o.l., 103 u.; Esther von Hacht (3): S. 100, 104 m., 106; Sonja Schadwinkel (68): S. 7, 10, 12, 13 l., 14, 21 r., 23 r., 24, 25, 29, 31, 32 r., 35, 37, 38, 39 l., 40, 41, 42, 43, 44, 45, 46, 48 r., 52 l., 53, 54, 55, 56, 57, 60, 61, 64, 65, 66, 67, 68, 71, 72, 73, 74, 78, 79, 80, 83, 86, 88, 89, 90, 97 m., u., 103 m, u.; Steffen Walentowitz (6): S. 81, 94, 104 u.; Sigrid Walter (1): S. 98 u.

Mit Farbfotos von:
Adobe Stock.com: Andriikoval (1): S. 62; babelsberger (1): S. 81; Ingo Bartussek (1): S. 22; beerphotographer (1): S. 82 o.r.; Martina Berg (1): S. 8 l.; Degiampietro (1): S. 30; dietwalther (1): S. 69; ebraxas (1): S. 101 o.; ernstboese (1): S. 105; felinda (1): S. 102 u.; Ferdl (1): S. 23; ferkelraggae (2): S. 87, 103 o.; fux (1): S. 89; Philipp Gabrys (1): S. 97 u.r.; groisboeck (1): S. 84; Petra Gurtner (1): S. 53; Benjamin Haas (1): 92 o.l.; Christian Jung (1): S. 20; Andrey Kiselev (1): S. 9 o.; Eileen Kumpf (1): S. 77 m.; Wolfgang Kruck (2): S. 92 o.r.,u.; Kybele (1): S. 59; Lupico (1): S. 93 u.r.; Maljalen (1): S. 70; MariaBobrova (1): S. 34; momentsoutside (1): S. 76; morpheus (1): S. 29; NigelSpiers (1): S. 49; orxy (1): S. 92 u.r.; JuriSamsonov (1): S. 97 u.l.; M. Schuppich (2): S. 51, 107 o.; Shaman (1): S. 91; Smileus (1): S. 92 u.l.; Soyka (1): S. 27; Branko Srot (1): S. 19; Patrik Stedrak (1): S. 85; M.R. Swadzba (1): S. 106 r.; Janine Fretz Weber (1): S. 26; YK (1): S. 63
Dreamstime.com: Rimantas Abromas (1): S. 56; Bcollet (1): S. 88; Paul Cowan (1): S. 33; Elena Elisseeva (1): S. 46; Sonya Etchison (1): S. 54; Farek (1): S. 66; Nemanja Glumac (1): S. 60; Stu Griffith (1): S. 25; Tamara Kulikova (1): S. 55; Blaz Kure (1): S. 37; Madeleine Openshaw (1): S. 21; San-toso6 (1): S. 74; Wally Stemberger (1): S. 14; Van Truan (1): S. 79; Julia Freemann – Woolpert (1): S. 64; Marlene Zagajewska (1): S. 83
iStockphoto.com: fotoVoyager (1): S. 94 o.l.; Henrik_L (1): S. 11; joruba (1): S. 96; palinchakjr (1): S. 50; redmal (1): S. 94 o.; Rinell (1): S. 95 u.; Sofiaworld (1): S. 47; Tabee (1): S. 99
Shutterstock.com: Bildagentur Zoonar GmbH (1): S. 58; captureandcompose (1): S. 100; Ramona Heim (1): S. 101 u.r.; kcv (1): S. 101 u.l.; Jo Lomark (1): S. 9 u.l.; Cosmin Manei (1): S. 106 l.; photolike (1): S. 15; Roman Pyshchyk (1): S. 102 o.; reisezielinfo (1): S. 107 u.; Deyana Stefanova Robova (1): S. 67; Juris Sturainis (1): S. 9 u.r.; sybanto (1): S. 104; Iva Vagnerova (1): S. 18
Weitere: Gottfried Auer, www.dirndltal.at, www.rabenstein.gv.at (1): S. 39; Heiko Bellmann (3): S. 31, 35, 61; Nigel Cattlin/Holt Studios/OKAPIA (1): S. 43; Frank Hecker (6): S. 28, 82 u.l., 93 m., 95 m., 103 u., 106 m.; Frank Hecker/Kosmos-Archiv (1): S. 77 u.r.; Rudolf Schmidt/Frank Hecker (1): S. 72; Liebgard Jennerich (1): S. 80; Adam Klees (1): S. 65; Jens-Peter Laub/OKAPIA (1): S. 8 r.; Hans E. Laux (1): S. 24; Robert Maier/OKAPIA (1): S. 78; Marcel/stocksy.com; Martin Partsch/OKAPIA (1): S. 32; Christian Schön/Tourismusverein Bordesholmer Land (1): S. 41

Haftungsausschluss

Alle Angaben in diesem Buch erfolgen nach bestem Wissen und Gewissen. Sorgfalt bei der Umsetzung ist indes dennoch geboten. Der Verlag und der Autor übernehmen keinerlei Haftung für Personen-, Sach- oder Vermögensschäden, die aus der Anwendung der vorgestellten Materialien und Methoden entstehen können.

Umschlaggestaltung Nakischa Scheibe unter Verwendung eines Farbfotos von Mauritius Images Alamy/ Johner Images (Eiche)

Klappengestaltung von Nakischa Scheibe unter Verwendung von Illustrationen und Farbfotos: Farbzeichnungen von Wolfgang Lang; S/W-Zeichnungen von G. Zauner/Kosmos; Marianne Golte-Bechtle: Holunder; Gerhard Kohnle: Weiß-Tanne; Borken: dule964/Fotolia.com: Apfelbaum; Martina Berg/Fotolia.com: Schwarz-Erle; Frank Hecker: Fichte; juliasv/Fotolia.com: Birke; pholidito/Fotolia.com: Rot-Buche; M. Schuppich/Fotolia.com: Platane

MIX
Papier | Fördert gute Waldnutzung
FSC® C015829
www.fsc.org

Gedruckt auf chlorfrei gebleichtem Papier

ISBN: 978-3-440-17245-2
Redaktion: Dr. Heike Herrmann, Veronika Lang
Layout: Nakischa Scheibe und Sigrid Walter
Satz: Nakischa Scheibe
Produktion: Lena Santamaria
Druck und Bindung: Printer Trento
Printed in Italy/Imprimé en Italie

*Nr 1 Button: *Quelle: Media Control MC Metis, DACH, FY 2024, WG 42-Natur, Umsatz*

Inhalt

Vorsicht Fuchsbandwurm!

Im Verbreitungsgebiet des Fuchsbandwurms wird vor dem Verzehr von Pflanzen und Früchten, besonders in Bodennähe, gewarnt. Die Gefahr besteht, dass Eier des Fuchsbandwurms an Pflanzen haften und mit verzehrt werden. Eine schleichende, lebensbedrohliche Krankheit ist die Folge. Abwaschen entfernt die Eier nicht mit Sicherheit. Eine Temperatur von 70° Celsius oder mehr tötet sie allerdings innerhalb weniger Minuten ab. Einfrieren schadet ihnen dagegen nicht. Beim Trocknen sterben die Eier in etwa einer Woche.

Hallo, liebe Baumfreundin und lieber Baumfreund!

In diesem Buch findest du rund 85 der häufigsten einheimischen Bäume und Sträucher. Sie wachsen in Wäldern, in Hecken zwischen Feldern, in Gärten und Parks. Einige findest du nur in der Nähe von Gewässern, andere nur in der Stadt. Viele Bäume fallen durch ihre farbenprächtigen Blüten auf, andere haben Blätter mit leicht erkennbarer Form, und häufig kannst du die Bäume an ihren außergewöhnlichen Früchten bestimmen.

30 Blätter mit gezähntem Rand

Die Zwetschge

Wie viele andere Obstbäume blüht der Baum mit schönen weißen Blüten, kurz bevor die Blätter kommen. Die Blätter sind eiförmig und am Rand fein gesägt. Die Blattunterseite ist dicht behaart. Die Äste können mit kurzen, spitzen Dornen besetzt sein. Die blau bereiften Zwetschgen sind im Herbst leicht zu erkennen.

Wichtig zu wissen!

Die Zwetschge ist eine Unterart der Pflaume, die eher kugelig bis eiförmig und sehr saftig ist. Obwohl sie von der Farbe her völlig anders aussehen, sind auch die gelbe Mirabelle und die rötliche Reneklode Unterarten der Pflaume.

Mirabelle

Der Zwetschgenbaum kommt nur in Gärten, auf Obstwiesen oder in Obstbaumalleen vor. Selten wirst du einen verwilderten Zwetschgenbaum finden.

Die Zwetschge wird 5 bis 15 m groß.

Die Zwetschge blüht von April bis Mai.

Jan Feb Mär Apr Mai Jun Jul Aug Sep Okt Nov Dez

Bestimmen leicht gemacht

Die jeweilige **Farbe** am oberen Rand jeder Seite hilft dir bei der Suche nach den verschiedenen Baum- und Straucharten. Die unterschiedlichen Farben der Kapitel bezeichnen die verschiedenen **Blattformen**. Anhand der folgenden Blattformen sind die Bäume und Sträucher in diesem Buch eingeordnet:

Blätter mit glattem Rand

Blätter mit gezähntem Rand

Blätter mit gelapptem Rand

Zusammengesetzte Blätter

Nadeln

Außerdem findest du auf jeder Seite noch folgende Zeichen:

Der Text neben dieser **Landschaft** verrät dir, wo du den Baum oder den Strauch am ehesten findest – also ob der Baum am Waldrand oder auf feuchtem Boden wächst, ob es ein typischer Parkbaum ist oder ob er oft in Hecken wächst.

Damit du ungefähr abschätzen kannst, wie groß der Baum ist, der auf der jeweiligen Seite vorgestellt wird, steht unten auf den Seiten neben dem Größenzeichen jeweils noch die genaue **Größenangabe** in Metern.

Die **farbige Leiste** ganz unten auf der Seite zeigt dir auf einen Blick an, in welchen Monaten der Baum oder der Strauch blüht. Die Ahornblättrige Platane blüht zum Beispiel im Mai, deshalb ist auf der Seite der Platane dieser Monat farblich markiert.

Die große Illustration zeigt dir immer die wichtigsten Merkmale des Baums oder des Strauchs: einen Zweig mit Blättern, Blüten oder den typischen Früchten. Auffällige Kennzeichen sind beschriftet und für Besonderheiten gibt es zusätzliche Abbildungen, die das Erkennen und Bestimmen leichter machen.

Die dunkelroten **Wichtig zu wissen!**-Kästen verraten dir interessante Zusatzinfos über die Bäume und Sträucher. Die grünen **Schau genau!**- und die gelben **Mach mit!**-Kästen geben dir Tipps zum Beobachten und Selbermachen. In den orangefarbenen **Erstaunlich!**-Kästen findest du verblüffendes Detailwissen oder Rekorde.

Finger weg!-Kästen warnen vor giftigen Arten.

Achte auf den **Totenkopf**. Er zeigt dir sehr giftige Pflanzen, die du auf gar keinen Fall in den Mund nehmen oder anfassen darfst. Hast du eine dieser Pflanzen angefasst, wasch dir auf jeden Fall die Hände. Diese Warnhinweise solltest du unbedingt beachten!

Finger weg!

Generell gilt: Wild wachsende Pflanzen oder Pflanzenteile niemals in den Mund nehmen oder gar essen! Denn viele Pflanzen, selbst wenn sie in diesem Buch kein Totenkopfsymbol tragen, sind ungenießbar oder leicht giftig. Von einigen Bäumen und Sträuchern kannst du die Früchte essen oder aus den Blüten und Blättern einen leckeren Tee zubereiten. Vorher solltest du die Pflanze aber immer einem Erwachsenen zeigen, der sich damit gut auskennt, und deine Eltern um Erlaubnis fragen.

Baum oder Strauch?

Nicht immer ist es leicht zu erkennen, ob du einen Baum oder einen Strauch vor dir hast. So mancher Strauch sieht aus wie ein kleiner Baum.

Buche

Haselnuss

Ein typischer Baum, zum Beispiel eine Buche, hat einen festen, durchgehenden Hauptstamm. Davon zweigen die Seitenäste und von diesen die beblätterten Zweige ab.. Ein Strauch wie die Haselnuss hat dagegen mehrere gleich große Hauptstämme, die von unten her verzweigt sind und immer wieder durch neue Triebe aus dem Boden ergänzt werden.

Und außerdem ...

Du willst nicht nur bestimmen, sondern auch noch Tipps bekommen, was man alles Spannendes rund ums Thema Baum und Wald **selbst erleben** kann? Dann schau dir die Seiten 92 bis 107 an. Dort erfährst du beispielsweise, was du alles im Wald spielen oder wie du dir eine Blattsammlung anlegen kannst. Außerdem findest du **weitere Infos** über Bäume, Sträucher und den Wald allgemein, zum Beispiel wie ein Baumstamm aufgebaut ist oder warum der Wald für uns Menschen so wichtig ist.

Im Herbst macht es Spaß, die bunten Blätter zu sammeln.

Raus in die Natur!

Natürlich im Wald, aber auch in der Stadt und in den Parks wirst du die meisten Bäume und Sträucher aus diesem Buch finden. Aber beachte, es werden auch viele Gehölze gepflanzt, die nicht heimisch sind, sondern aus anderen Ländern stammen, und die in diesem Buch nicht abgebildet sind. Um Bäume und Sträucher bestimmen zu können, brauchst du außer diesem Buch nicht viel. Mit Lupe oder Fernglas kannst du dir bestimmte Merkmale genauer ansehen. Besonderheiten fotografierst du mit dem Handy, Stift und Papier sind für Notizen gut.

Nun aber raus in die Natur und viel Spaß beim Bestimmen und selbst Erleben!

Fernglas

Lupe

Die Rot-Buche

Erstaunlich!

Buchen sind enorme Sauerstoffproduzenten. Ungefähr 200 000 Blätter hängen an einem Baum. An einem sonnigen Tag produzieren sie den Sauerstoff für ca. 50 Menschen. Dafür braucht die Buche etwa 400 Liter Wasser, die über die Blätter verdunsten.

Die eiförmigen Blätter mit dem welligen Rand sind im Frühjahr leicht behaart, später glatt und glänzend. Eine graue, glatte und glänzende Rinde umgibt den Stamm. Die dreikantigen Früchte, die Bucheckern, kennt fast jeder. Die Bucheckern schmecken leicht nussig und werden auch von vielen Tieren (zum Beispiel von Mäusen, Eichhörnchen oder Bergfinken) gefressen. Zu viele solltest du aber nicht davon essen, da sie ein leichtes Gift enthalten.

Bucheckern mit stacheliger Fruchthülse

Die Rot-Buche ist der häufigste Laubbaum in unseren Wäldern. Du findest sie überall, vom Flachland bis in die Berge.

Die Rot-Buche wird bis zu 40 m groß.

Die Rot-Buche blüht von April bis Mai.

Jan	Feb	Mär	Apr	Mai	Jun	Jul	Aug	Sep	Okt	Nov

Der Buchsbaum

Die Blätter sind nur ca. 3 cm lang, länglich oval und fühlen sich fest und ledrig an. Die Oberseite glänzt dunkelgrün und der Blattrand ist nach unten umgeschlagen. Die Blüten wachsen in kleinen gelblich weißen Büscheln in den Blattachseln und liefern den Bienen reichlich Nektar. Die kleinen grünen, kugeligen Früchte mit ihren drei Hörnern sind dagegen eher unauffällig.

Früchte mit drei Hörnern

Erstaunlich!

Diese Buchsbaumsamen haben eine raffinierte Verbreitungsmethode: Samendrüsen locken Ameisen an. Sie schleppen die Samen in Richtung Bau, fressen aber nur die Drüsen.

Der Buchsbaum ist in Parks und Gärten verbreitet, wo er gern als Beeteinfassung oder Busch angepflanzt wird. Er lässt sich sehr gut schneiden und es können richtige Kunstwerke daraus geformt werden. Ursprünglich stammt er aus Süd- und Westeuropa. Nur in Süddeutschland gibt es einige natürliche Standorte.

Der Buchsbaum wird bis zu 8 m groß.

Der Buchsbaum blüht von März bis April.

Feb | Mär | Apr | Mai | Jun | Jul | Aug | Sep | Okt | Nov | Dez

Die Kornel-Kirsche

Der Strauch oder kleine Baum ist mit seinen gelben Blüten einer unserer ersten Frühlingsboten. Die eiförmigen Blätter erscheinen erst nach der Blüte. Auf dem Blatt erkennst du sechs bis zehn gebogene Blattadern. Ab August sind die süßsauren roten Früchte reif. Sie haben im Verhältnis zum Fruchtfleisch einen großen Kern, was die Verarbeitung zu Marmelade sehr mühsam macht.

Eigentlich stammt die Kornel-Kirsche aus Südosteuropa, aber wegen ihrer Früchte wurde sie auch in Deutschland angepflanzt. Hier steht sie gern an warmen Standorten. Du findest sie an Waldrändern, Hecken und trockenen Hanglagen. In Gärten und Parks wird sie häufig gepflanzt.

Wichtig zu wissen!

Das Holz der Kornel-Kirsche ist besonders hart, schwer und zäh. Das wussten auch schon die alten Griechen und Römer, denn aus diesem Holz ließen sich die besten Speere und Lanzen herstellen. Auch der Bogen des Odysseus soll aus dem Holz der Kornel-Kirsche gefertigt gewesen sein.

Die Kornel-Kirsche wird bis zu 8 m groß.

Die Kornel-Kirsche blüht von Februar bis April.

Jan	Feb	Mär	Apr	Mai	Jun	Jul	Aug	Sep	Okt	Nov

Der Blutrote Hartriegel

Seinen Namen verdankt der Blutrote Hartriegel der Herbstfärbung seiner Blätter und den roten Zweigen der jungen Triebe, die besonders im Winter auffallen. Die Blätter ähneln denen der Kornel-Kirsche, haben aber einen welligen Blattrand. Ab Mai schmücken die stark riechenden weißen Blüten den Strauch.

Wichtig zu wissen!

Im Gegensatz zu den leicht giftigen Blättern und der giftigen Rinde sind die reifen, etwa erbsengroßen schwarzen Früchte essbar. Sie schmecken aber bitter, du solltest sie lieber den Vögeln überlassen.

Der Blutrote Hartriegel ist häufig und weitverbreitet. Du findest ihn leicht an Waldrändern und in Hecken, Gebüschen und lichten Wäldern.

roter Stängel

Der Blutrote Hartriegel wird 2 bis 5 m groß.

Der Blutrote Hartriegel blüht von Mai bis Juni.

Feb	Mär	Apr	Mai	Jun	Jul	Aug	Sep	Okt	Nov	Dez

Der Faulbaum

Der kleine Baum oder Strauch hat breite, eiförmige Blätter mit einer meist stumpfen Spitze. Seinen Namen verdankt der Faulbaum der unangenehm riechenden Rinde. Eher unscheinbar sind die kleinen grünlich weißen, glockenförmigen Blüten, eine wichtige Nahrungsquelle für Wild- und Honigbienen. Manchmal blühen diese noch, während der Baum schon seine reifen und unreifen Früchte trägt. Diese wurden früher zum Färben von Stoffen benutzt. Sie ergeben einen gelben Farbton.

Wichtig zu wissen!

Der Faulbaum wird auch Pulverholz genannt. Früher war das Holz sehr begehrt, da die Holzkohle des Faulbaums für die Herstellung von Schießpulver gebraucht wurde.

Mit dem Schießpulver wurden Kanonen abgefeuert.

Den Faulbaum findet man häufig an Waldrändern, in Hecken und in Auwäldern. Er mag feuchte, nährstoffarme Böden.

Der Faulbaum wird bis zu 7 m groß.

Der Faulbaum blüht von April bis August.

Jan | Feb | Mär | Apr | Mai | Jun | Jul | Aug | Sep | Okt | Nov

Der Sanddorn

Der Sanddorn hat schmale, weidenartige Blätter. Sie werden ca. 6 cm lang und sind nach dem Blattaustrieb auf beiden Seiten silbrig behaart. Auf der Oberseite fallen die Haare später ab. Es gibt männliche und weibliche Pflanzen. Die unauffälligen Blüten erscheinen vor dem Laubaustrieb. Dagegen siehst du die leuchtend orangen Früchte im Herbst schon von Weitem. Aus ihnen wird Marmelade oder Sirup gemacht. Die Ernte ist aber nicht so einfach, weil der Strauch viele kräftige Dornen hat.

Erstaunlich!

Wegen seines riesigen Wurzelsystems wird der Sanddorn zur Befestigung von Sandböden oder steilen Böschungen angepflanzt. Seine Wurzeln reichen ca. 3 m in die Tiefe. In die Breite kriechen sie sogar bis zu 12 m weit. Aus den Wurzeln können auch neue Sträucher wachsen, sodass sich schnell ein ziemlich dichtes Gebüsch bildet.

Der Sanddorn wächst auf sandigen Böden an der Küste oder auf Kies- und Sandböden der Flüsse im Alpenvorland. Der Strauch wird aber auch häufig als Zierpflanze in Gärten, Parks und an Straßenböschungen gepflanzt.

Der Sanddorn wird bis zu 6 m groß.

Der Sanddorn blüht von April bis Mai.

Feb | Mär | **Apr** | **Mai** | Jun | Jul | Aug | Sep | Okt | Nov | Dez

Der Chinesische Blauglockenbaum

Der Baum ist nicht nur wegen seiner glockenförmigen blaulila Blüten bekannt. Ebenso fallen sofort die großen, bis 35 cm langen, herzförmigen Blätter auf. Der lange Blattstiel ist dicht behaart. Auch die Blätter haben eine samtige Behaarung. Die reifen Früchte sind eiförmig mit einer kleinen Spitze. Sind die Samen reif, öffnet sich die zweiklappige Frucht und entlässt die geflügelten Samen.

Der aus China stammende Baum ist vor allem in wintermilden Gebieten in Süd- und Westdeutschland verbreitet. Dort wird er gern in Parks oder als Straßenbaum gepflanzt. In den ersten Jahren ist er noch etwas frostempfindlich, aber später wird er vollständig winterhart.

Schau genau!

Wenn du frische Wurzelsprosse oder Sämlinge vom Blauglockenbaum findest, achte mal auf die Blätter: Im Vergleich zu den Blättern am Baum sind sie riesig. Wenn du nur die Blätter anschaust, kannst du ihn mit dem Trompetenbaum verwechseln, denn dessen Blätter sind auch so groß und herzförmig. Aber die Blüten und Früchte der beiden Bäume sehen völlig verschieden aus.

Blatt und Blüte des Trompetenbaums

Der Chinesische Blauglockenbaum wird bis zu 20 m groß.

Der Chinesische Blauglockenbaum blüht von April bis Mai.

Jan	Feb	Mär	Apr	Mai	Jun	Jul	Aug	Sep	Okt	Nov

Der Flieder

Am eindrucksvollsten sind die violetten, wahnsinnig gut duftenden Blütendolden. In Gärtnereien gibt es den Flieder auch in Weiß, Rosa, in rötlicher oder gelblicher Farbe. Er kommt meist in buschiger Form vor, manchmal auch als kleiner Baum. Der Stamm wächst oft leicht gedreht und die Rinde lässt sich in langen Streifen ablösen. Die herzförmigen Blätter sind fest und haben einen glatten Rand. Über Wurzeltriebe breitet sich der Flieder schnell aus und kann so ein richtiges Dickicht bilden.

Wichtig zu wissen!

Aufgrund des herrlich blumigen Dufts ist der Flieder in vielen Kulturen ein Symbol der Liebe. Außerdem soll der Duft der Pflanze für Lachen und Freude sorgen und sogar schmerzlindernd wirken. Ihr wissenschaftlicher Name Syringia stammt übrigens aus dem Griechischen und bedeutet Pfeife, denn aus dem Holz haben sich früher die Schäfer ihre Flöten geschnitzt.

Ursprünglich stammt der Flieder aus dem östlichen Mittelmeerraum, wo er an Waldrändern und felsigen Hängen wächst. Bei uns wurde er vor ca. 500 Jahren eingebürgert, vor allem in Parks und Gärten. Von dort ist er gelegentlich verwildert, oft entlang von Bahndämmen. Durch die Klimaerwärmung könnte sich der Flieder noch stärker ausbreiten.

Der Flieder wird 2 bis 6 m groß.

Der Flieder blüht von April bis Mai.

Jan | Feb | Mär | Apr | Mai | Jun | Jul | Aug | Sep | Okt | Nov | Dez

Der Kirschlorbeer

Einer der beliebtesten immergrünen Ziersträucher ist der Kirschlorbeer. Seine länglichen, grün glänzenden Blätter sind sehr derb. Sie sehen ein bisschen aus wie die des Gewürzlorbeers, nur deutlich größer. Die vielen weißen Blüten bilden eine aufrecht stehende Blütenrispe. Im Herbst erscheinen dann die kirschgroßen schwarzen Beerenfrüchte.

Schau genau!

Auf der Blattunterseite, an der Mittelrippe, erkennst du zwei bis drei rötliche Punkte, das sind Nektarien. Die sitzen normalerweise in den Blüten, liefern den Nektar und locken die Bienen an, damit die Blüten bestäubt werden. Mit dem Nektar an den Blättern werden vor allem Ameisen angelockt. So schützt sich die Pflanze vor schädlichen Insekten, denn die Ameisen vertreiben oder fressen Blätter fressende Raupen und Käfer.

Dieser buschige Strauch stammt aus dem Kaukasus. Er wächst schnell, ist pflegeleicht und eine beliebte Heckenpflanze in Gärten. Von dort breitet er sich auch in die Wälder aus. Das ist nicht gut, denn der Kirschlorbeer verdrängt die heimischen Pflanzen und mit dem giftigen Strauch können auch unsere Tiere nichts anfangen. Du wirst kaum Insekten an den Sträuchern finden.

Der Kirschlorbeer wird 2 bis 7 m groß.

Der Kirschlorbeer blüht von April bis Juni.

Jan | Feb | Mär | Apr | Mai | Jun | Jul | Aug | Sep | Okt | Nov | D

Die Tulpen-Magnolie

Im April und Mai verwandelt sich die Magnolie in ein rosa oder weißes Blütenmeer. Die Blüten sind relativ groß, stehen aufrecht und sind glockenförmig. Erst nach der Blüte erscheinen die großen, bis zu 18 cm langen Blätter. Sie werden nach oben hin breiter und sind kurz zugespitzt. Die dunkelgrünen Blätter sind auf der Unterseite filzig behaart. Die Wuchsform ist oft strauchförmig, weil sich der Baum schon dicht über dem Boden stark verzweigt.

Schau genau!

Eher ungewöhnlich ist, dass die Magnolie im Spätsommer oder Herbst ein zweites Mal blüht. Es sind dann aber deutlich weniger Blüten und sie fallen wegen der Blätter auch nicht so auf.

Die Tulpen-Magnolie ist eine Kreuzung aus zwei Magnolienarten, die aus China stammen. Bei uns wird sie als beliebtes Ziergehölz in Gärten und Parks gepflanzt. Da sie sehr frostempfindlich ist, braucht sie einen geschützten Standort, sonst werden nach einer frostigen Nacht die schönen rosa Blüten braun und fallen ab.

Die Tulpen-Magnolie wird 5 bis 10 m groß.

Die Tulpen-Magnolie blüht von April bis Mai und im August.

an | Feb | Mär | Apr | Mai | Jun | Jul | Aug | Sep | Okt | Nov | Dez

Die Echte Quitte

Die Blätter sind 5 bis 10 cm lang und auf der Oberseite stumpf grün. Die Unterseite ist dagegen dicht filzig behaart, ebenso anfangs auch die frischen jungen Zweige. Die Blüten sind relativ groß, weiß bis rosa und sehen einer Apfelblüte sehr ähnlich. Im Herbst bilden sich duftende, leuchtend gelbe Quittenfrüchte. Neben der etwas eckigen Form erkennst du sie auch leicht an ihrer filzigen Behaarung, die aber auch schon abgefallen sein kann.

Mach mit!

Roh ist die Quitte eigentlich ungenießbar. Sie schmeckt recht bitter und das Fruchtfleisch ist ziemlich hart. Das liegt an den sogenannten Steinzellen. Das sind stark verdickte Zellen in der Frucht. Wenn du die Quitten kochst, werden sie aber weich und lassen sich zu Kompott, Marmelade oder Saft und leckerem Quittengelee verarbeiten.

Von den Römern wurde die Quitte aus Westasien erst in den Mittelmeerraum und später auch nach Mitteleuropa eingeführt. Da sie etwas frostempfindlich ist, wird sie vor allem in wintermilden Gebieten angebaut. Du findest sie vereinzelt auf Obstwiesen und in Gärten.

Die Echte Quitte wird bis zu 8 m groß.

Die Echte Quitte blüht von Mai bis Juni.

Jan	Feb	Mär	Apr	Mai	Jun	Jul	Aug	Sep	Okt	Nov	D

Die Birne

Die Blätter der Birne kannst du leicht von denen des Apfels unterscheiden. Sie sind glatt bzw. sehr fein gesägt, haben keine Haare auf der Unterseite und glänzen mehr. Die Blüten sind reinweiß mit fünf Blütenblättern. Wie beim Apfel gibt es auch bei der Birne sehr viele Sorten.

Wichtig zu wissen!

Spielst du Flöte, dann hast du vielleicht ein Stück Birnenholz in der Hand. Viele Blockflöten werden wegen des guten Klangs aus Birnenholz gemacht. Ansonsten ist das Holz auch für den Bau von Möbeln sehr beliebt.

In Gärten und auf Obstwiesen stehen die meisten Birnbäume. In Süddeutschland findest du in warmen, lichten Laubwäldern und Felsgebüschen mit etwas Glück die Holzbirne, eine Wildform der Birne.

Die Birne wird 15 bis 25 m groß.

Die Birne blüht von April bis Mai.

n	Feb	Mär	**Apr**	**Mai**	Jun	Jul	Aug	Sep	Okt	Nov	Dez

Die Korb-Weide

Die langen, schmalen Blätter der Korb-Weide werden bis zu 15 cm lang und sind am Ende zugespitzt. Die Blattränder sind ein wenig nach unten gerollt. Auf der Unterseite ist das Blatt silbergrau behaart. Die frischen Zweige sind sehr lang, schmal und äußerst elastisch. Es gibt männliche und weibliche Bäume. Für die Bienen ist die Korb-Weide im Frühjahr einer der ersten Nektarlieferanten.

Blütenkätzchen

Wichtig zu wissen!

Wie ihr Name schon verrät, werden aus den langen Weidenruten Körbe und andere Flechtereien gemacht.

Die Korb-Weide ist in fast ganz Europa verbreitet. Sie wächst vor allem im Tiefland, kann aber in Gebirgstälern auf bis zu 800 m Höhe vorkommen. Sie steht an sonnigen Stellen an Fluss- und Bachufern, in Auwäldern oder auf Feuchtwiesen.

Die Korb-Weide wird 2 bis 10 m groß.

Die Korb-Weide blüht von März bis April.

Jan | Feb | Mär | Apr | Mai | Jun | Jul | Aug | Sep | Okt | Nov | D

Die Sal-Weide

Die Blätter der Sal-Weide sind sehr unterschiedlich, von schmal und länglich bis rundlich und oval. Die Blattoberseite ist etwas runzelig, die Unterseite weich und graufilzig behaart. Es gibt männliche und weibliche Bäume, die ihre Blütenkätzchen lange vor den Blättern austreiben. Die Samen hängen an dünnen weißen Schwebehaaren und können vom Wind weit verbreitet werden.

Schau genau!

Für die Bienen ist die Sal-Weide wegen ihrer frühen Blütezeit ein wichtiger Nektar- und Pollenlieferant, denn viele andere Pflanzen blühen jetzt noch nicht. Auch die ersten Schmetterlinge des Jahres, wie den Zitronenfalter oder den Kleinen Fuchs, kannst du hier entdecken.

Sal-Weide in Blüte

Die Sal-Weide ist eine Pionierpflanze, das heißt, sie siedelt sich schnell auf ungenutzten Flächen an. So findest du sie häufig an Weg- und Waldrändern, in Steinbrüchen, Kiesgruben oder auf Lichtungen.

Die Sal-Weide wird bis zu 10 m groß.

Die Sal-Weide blüht von März bis Mai.

n | Feb | Mär | Apr | Mai | Jun | Jul | Aug | Sep | Okt | Nov | Dez

Die Silber-Weide

Die langen, schmalen und fein gezähnten Blätter sind auf der Blattunterseite dicht weißlich behaart. Bewegen sich die Blätter im Wind, leuchten die silbrigen Blattunterseiten auf, woher die Silber-Weide ihren Namen hat. Es gibt männliche und weibliche Bäume, die ihre Blütenkätzchen mit oder kurz vor den Blättern austreiben. Die leichten und behaarten Samen werden vom Wind weit verteilt.

Diese häufigste Weidenart kommt bevorzugt in Auwäldern vor, aber auch am Ufer von Bächen, Flüssen und Seen.

Schau genau!

Die dünnen, rutenartigen Zweige werden zum Korbflechten genutzt, so wie auch die der Korb-Weide. Dafür werden die Zweige regelmäßig geschnitten und es entsteht eine sogenannte „Kopfweide". Vor allem an Gräben und Bächen werden die Kopfweiden als Uferbefestigung gepflanzt.

Aus den Zweigen der Kopfweide kann man Körbe flechten.

Die Silber-Weide wird bis zu 30 m groß.

Die Silber-Weide blüht von April bis Mai.

Jan | Feb | Mär | Apr | Mai | Jun | Jul | Aug | Sep | Okt | Nov

Die Bruch-Weide

Die jungen Zweige brechen leicht ab und geben dabei ein knackendes Geräusch von sich, weshalb die Bruch-Weide auch oft Knack-Weide genannt wird. Die Blätter ähneln denen der Silber-Weide, sind aber ganz unbehaart. Wie bei allen Weiden gibt es männliche und weibliche Blüten.

Wichtig zu wissen!

Schon die alten Griechen wussten, dass man mit einem Extrakt aus Weidenrinde Schmerzen stillen und Fieber senken konnte. Den Wirkstoff, die Salizylsäure, findest du in einem unserer häufigsten Medikamente wieder, in der Aspirintablette.

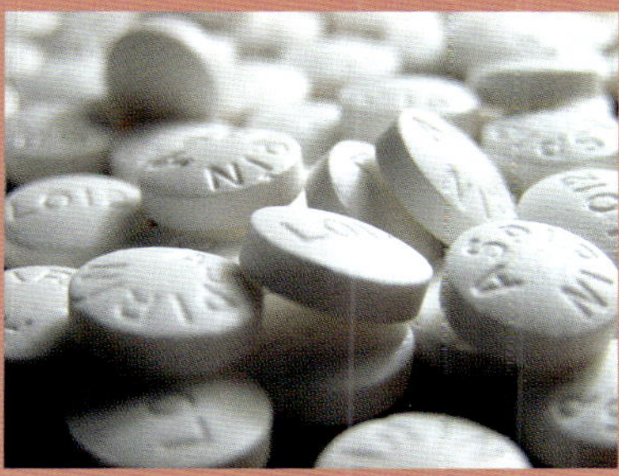

Die Bruch-Weide wächst vor allem auf sehr feuchten Böden, die auch mal überschwemmt werden können. Im Flachland und in Bergtälern findest du sie an Bächen, Flüssen und Seen.

Die Bruch-Weide wird bis zu 15 m groß.

Die Bruch-Weide blüht von März bis April.

Feb | Mär | Apr | Mai | Jun | Jul | Aug | Sep | Okt | Nov | Dez

Die Felsenbirne

Als Erstes erscheinen im Frühling die weißen, fünfblättrigen Blüten, die zu mehreren zusammenstehen und einen traubenförmigen Blütenstand bilden. Die Blätter sind eiförmig und haben einen fein gezahnten Rand. Die jungen Blätter sind anfangs behaart, werden aber später auf der Oberseite kahl. Im Herbst bekommen die Blätter eine leuchtend orangerote Färbung. Die kleinen Früchte sehen ein bisschen aus wie Heidelbeeren und schmecken sehr aromatisch.

Wichtig zu wissen!

Wenn du von den leckeren Früchten kosten willst, solltest du darauf achten, nur die reifen Früchte zu essen und nicht auf die Samen zu beißen. Sie enthalten nämlich einen Stoff, der Blausäure bildet. Das ist ein Gift, das Magen-Darm-Probleme macht. Aber keine Angst, wenn du die Kerne nicht in großen Mengen zerbeißt, passiert nichts.

Der Felsenbirnen-Strauch wächst an warmen, sonnigen und sehr steinigen Hängen der Hoch- und Mittelgebirge meist auf kalkhaltigen Böden. Wegen seiner schönen Herbstfärbung und der schmackhaften Früchte pflanzen wir ihn in Parks und Gärten an.

Die Felsenbirne wird bis zu 4 m groß.

Die Felsenbirne blüht von April bis Mai.

Jan Feb Mär **Apr Mai** Jun Jul Aug Sep Okt Nov

Die Berberitze

Mit ihren Blattdornen ist die Berberitze ein sehr wehrhafter Strauch. Die Dornen haben ein bis sieben Spitzen. Aus den Achseln der Dornen entspringen die eiförmigen, am Rand gezähnten Blätter. Wie kleine gelbe Glöckchen hängen die Blüten an traubigen Blütenständen. Im Herbst leuchten dann die roten länglichen Beeren am Strauch. Die sauren Früchte werden in einigen Ländern zum Kochen verwendet. Der Strauch hat eine typische Form, denn die Zweige wachsen anfangs sehr gerade, später hängen die Spitzen bogenförmig über.

Die Berberitze kommt in der freien Natur eher selten vor. Sie wächst im Süden Mitteleuropas auf kalkhaltigen Böden in Gebüschen, an Waldrändern oder in sonnigen Wäldern. In Gärten und Parks wird sie häufig angepflanzt. Oft werden auch ähnliche asiatische Berberitzenarten für Hecken oder Buschgruppen genommen.

Wichtig zu wissen!

In einigen Gegenden wurde die Berberitze gezielt von den Bauern ausgerottet. Sie überträgt nämlich den Getreiderost. Das ist ein Pilz, der bei Weizen, Roggen und Gerste zu schweren Ernteverlusten führen kann. Die heutigen Getreidesorten sind gegen die meisten Arten des Getreiderosts resistent.

Die Berberitze wird 1 bis 3 m groß.

Die Berberitze blüht von Mai bis Juni.

Feb | Mär | Apr | Mai | Jun | Jul | Aug | Sep | Okt | Nov | Dez

Der Echte Kreuzdorn

Der Echte Kreuzdorn ist ein sparrig wachsender Strauch, also ein Strauch mit seitwärts abstehenden, fast kreuzförmigen Ästen. Seine Zweige enden oft in einem Dorn. Der Rand der eiförmigen Blätter mit den bogenförmigen Seitennerven ist fein gesägt. Aus den Blattachseln wachsen büschelförmig die unscheinbaren grünlich gelben Blüten. Die schwarz glänzenden Steinfrüchte sind sehr giftig.

Wichtig zu wissen!

Vielleicht entdeckst du auf der Blattunterseite orangefarbene Flecken, das sind dann Sporenlager des Haferrostpilzes. Der nutzt den Kreuzdorn als Zwischenwirt. Deshalb ist der Strauch bei Landwirten nicht gern gesehen.

Schau genau!

Für einige Insekten ist der Kreuzdorn eine wichtige Futterpflanze. Du findest hier zum Beispiel die Raupe des Zitronenfalters. Sie ist grün mit feinen schwarzen Punkten.

Der Kreuzdorn mag es warm, deshalb findest du ihn eher in Süddeutschland. Er wächst an Waldrändern, trockenen Hängen und Feldgehölzen gern auf kalkhaltigen Böden. Durch Wurzelsprosse bildet er oft dichte undurchdringliche Gebüsche.

Der Echte Kreuzdorn wird 2 bis 6 m groß.

Der Echte Kreuzdorn blüht von Mai bis Juni.

Jan | Feb | Mär | Apr | Mai | Jun | Jul | Aug | Sep | Okt | Nov

Der Schwarzdorn

wird auch Schlehe genannt

Der Schwarzdorn ist im Frühjahr einer der ersten Sträucher, der üppig weiß blüht. Die duftenden Blüten kommen deutlich vor den Blättern zum Vorschein. Seine vielen Dornen schützen ihn gegen hungrige Mäuler von Rehen, Kühen oder Schafen. Im Herbst hängen die kleinen, runden blauen Schlehenfrüchte am Busch. Aber erst nach dem ersten Frost sind sie nicht mehr so bitter und essbar.

Erstaunlich!

Früher hat man die reich verzweigten Äste bei der Salzgewinnung genutzt. Über die im Gradierwerk dicht aufgeschichteten Zweige wurde salziges Wasser (die Sole) gegossen. An den feinen Zweigen konnte viel Wasser verdampfen, sodass sich in der restlichen Sole der Salzgehalt konzentrierte. Damit konnte man viel kostbare Energie sparen, wenn zur Salzgewinnung die Sole eingedampft wurde.

Der Schwarzdorn kommt überall in Feldgehölzen, Hecken und an Waldrändern vor. Da er viele nützliche Insekten anlockt und anderen Tieren einen sicheren Unterschlupf bietet, wird er auch in Parks und naturnahen Gärten angepflanzt.

Der Schwarzdorn wird 1 bis 3 m groß.

Der Schwarzdorn blüht von März bis April.

Feb	Mär	Apr	Mai	Jun	Jul	Aug	Sep	Okt	Nov	Dez

Die Zwetschge

Wie viele andere Obstbäume blüht der Baum mit schönen weißen Blüten, kurz bevor die Blätter kommen. Die Blätter sind eiförmig und am Rand fein gesägt. Die Blattunterseite ist dicht behaart. Die Äste können mit kurzen, spitzen Dornen besetzt sein. Die blau bereiften Zwetschgen sind im Herbst leicht zu erkennen.

Wichtig zu wissen!

Die Zwetschge ist eine Unterart der Pflaume, die eher kugelig bis eiförmig und sehr saftig ist. Obwohl sie von der Farbe her völlig anders aussehen, sind auch die gelbe Mirabelle und die rötliche Reneklode Unterarten der Pflaume.

Mirabelle

Der Zwetschgenbaum kommt nur in Gärten, auf Obstwiesen oder in Obstbaumalleen vor. Selten wirst du einen verwilderten Zwetschgenbaum finden.

Die Zwetschge wird 5 bis 15 m groß.

Die Zwetschge blüht von April bis Mai.

Jan | Feb | Mär | **Apr** | **Mai** | Jun | Jul | Aug | Sep | Okt | Nov

Die Trauben-Kirsche

Die Blätter sehen der Süß-Kirsche ähnlich, sind aber mattgrün und die Oberfläche sieht etwas knittrig aus. Die Blüten dagegen sind unverwechselbar. Sie hängen in dichten weißen Trauben am Baum, genauso wie im Herbst die schwarzroten Kirschen. Die kleinen Kirschen schmecken leicht bitter. So haben die Vögel die Kirschen für sich.

Schau genau!

Im Juni findet man häufig Trauben-Kirschen, die wie mit Watte überzogen sind. Das ist das Werk der Trauben-Kirschen-Gespinstmotte. Die Raupen der Motte fressen fast nur die Blätter der Trauben-Kirsche. Dabei spinnen sie die Zweige und Äste mit einem feinen Gespinst ein. So schützen sie sich vor Fressfeinden und können sich auch in Ruhe verpuppen.

Gespinst der Trauben-Kirschen-Gespinstmotte

Die Trauben-Kirsche wächst meist auf feuchten und nassen Böden, zum Beispiel in Auwäldern, an Bach-, Fluss- und Seeufern oder an feuchten Waldrändern.

Die Trauben-Kirsche wird 10 bis 15 m groß.

Die Trauben-Kirsche blüht von April bis Mai.

Feb | Mär | **Apr** | **Mai** | Jun | Jul | Aug | Sep | Okt | Nov | Dez

Die Vogel-Kirsche

wird auch Süß-Kirsche genannt

Die roten leckeren Süßkirschen sind unverwechselbar. Ihre Wildform, die Vogel-Kirsche, hat dagegen kleine, etwas bittere Früchte. Die weißen, fünfblättrigen Blüten und die eiförmigen, länglichen Blätter sehen bei beiden Formen gleich aus. Die Blüten treiben vor den Blättern aus. Die Rinde ist rotbraun glänzend und lässt sich in waagerechten Streifen ablösen.

Die Vogel-Kirsche wächst an Waldrändern, in Feldgehölzen und lockeren Laubwäldern. In Gärten und auf Obstwiesen findest du die Süß-Kirsche.

Mach mit!

Kirschkerne kannst du nicht nur mit deinen Freunden um die Wette spucken, du kannst sie auch sammeln, schön sauber kochen und in einem kleinen Säckchen als wärmendes Kirschkernkissen benutzen. Oder du legst sie im Winter für den Kernbeißer ins Futterhäuschen.

Kernbeißer

Die Vogel-Kirsche wird bis zu 25 m groß.

Die Vogel-Kirsche blüht von April bis Mai.

Jan	Feb	Mär	**Apr**	**Mai**	Jun	Jul	Aug	Sep	Okt	Nov

Der Apfel

Die schönen großen, rosaweißen Blüten fallen im Frühling besonders auf. Im Herbst leuchten dagegen die grünen oder roten Äpfel am Baum. Die Blätter beim Apfel sind eiförmig und vorn zugespitzt. Auf der Blattunterseite sind sie dicht behaart und am Blattrand gesägt.

Wichtig zu wissen!

Weißt du, was ein Pomologe ist? Ein Apfelexperte. Äpfel werden schon seit vielen hundert Jahren gezüchtet, sodass es inzwischen ca. 20 000 Apfelsorten weltweit gibt. In Deutschland sind es immerhin noch ca. 2 000 Sorten.
Ein Pomologe bestimmt die Sorten anhand der Farbe und des Geschmacks des Apfels, der Form des Kerngehäuses und des Standorts des Baums.

In Gärten und auf Obstwiesen stehen die meisten Apfelbäume. In lichten Laubwäldern findest du aber auch ab und zu wilde Äpfel, die besonders zur Blütezeit im Wald auffallen.

Apfelsorten unterscheiden sich schon oft auf den ersten Blick.

Der Apfel wird 2 bis 15 m groß.

Der Apfel blüht von April bis Mai.

Feb | Mär | Apr | Mai | Jun | Jul | Aug | Sep | Okt | Nov | Dez

Der Pfirsich

An seinen pelzigen, orangeroten Früchten ist der Pfirsich leicht zu erkennen. Auch im Frühjahr ist er gut auszumachen, denn mit seinen dunkelrosa Blüten gehört er zu den ersten blühenden Bäumen im Jahr. Die Blätter sind lang und oval mit einer deutlichen Spitze, die Blattränder fein gezähnt. Die jungen Zweige sind zweifarbig, auf der Sonnenseite rot, auf der Schattenseite grün.

Mach mit!

Gern werden die Pfirsiche an Haus- oder Scheunenwänden gepflanzt. Dort haben sie es besonders warm, da die Hauswand auch nachts noch etwas Wärme abstrahlt. An den Hauswänden werden die Bäume als Spalierobst gezogen.

Die wilden Pfirsiche stammen wohl aus China, sind aber schon im antiken Griechenland und zur Römerzeit bis in den Mittelmeerraum gekommen. In Mitteleuropa wachsen sie nur in den warmen Weinbauregionen, denn die empfindlichen Blüten sind sehr frostgefährdet.

Wichtig zu wissen!

Eine Unterart des Pfirsichs ist die Nektarine. Du erkennst sie an den unbehaarten Früchten.

Der Pfirsich wird 3 bis 10 m groß.

Der Pfirsich blüht von März bis April.

Jan | Feb | Mär | Apr | Mai | Jun | Jul | Aug | Sep | Okt | Nov

Die Haselnuss

Die Haselnuss ist ein typischer Strauch mit mehreren Stämmen. Die Blätter sind rundlich eiförmig und etwas behaart. Auf der Blattunterseite treten die Blattadern deutlich hervor. Der Blattrand ist fein gesägt mit mehreren größeren Zähnen. Schon früh im Jahr blüht die Haselnuss, lange vor dem Blattaustrieb. Im August/September wird die beliebte Haselnuss reif. Der Kern ist von einer sehr harten, hölzernen Hülle umgeben.

Schau genau!

Trotz der harten Schale schafft es ein kleiner Rüsselkäfer, in die Nuss einzudringen: der Haselnussbohrer. Er nagt ein Loch in die noch junge Nuss und legt ein Ei hinein. Hat die Larve den Kern gefressen, nagt sie sich aus der Nuss und fällt zu Boden, wo sie sich zum Käfer entwickelt. Vielleicht kannst du ja einen dieser niedlichen kleinen Käfer entdecken.

Haselnussbohrer

In Laubwäldern, an Waldrändern, in Gebüschen, Hecken und an Bachufern ist die Haselnuss weitverbreitet. Wegen ihrer leckeren Nüsse ist sie aber auch oft in Gärten und Parks zu finden.

Die Haselnuss wird 2 bis 8 m groß.

Die Haselnuss blüht von Februar bis April.

Feb Mär Apr Mai Jun Jul Aug Sep Okt Nov Dez

Die Baum-Hasel

Von den Blättern her sieht die Baum-Hasel der Haselnuss (Seite 35) sehr ähnlich. Du kannst beide aber schon leicht an der Wuchsform unterscheiden, denn die Haselnuss wächst nie als Baum. Auch die Früchte sehen anders aus. Die Büschel der Baum-Hasel enthalten deutlich mehr Nüsse. Außerdem sind die Fruchthüllen tief geschlitzt und sehen struppig aus. Die Nüsse sind etwas kleiner, schmecken aber sehr gut.

Fruchtstand

Die Baum-Hasel ist ein Baum aus dem östlichen Mittelmeerraum. Mit ihren tiefen Wurzeln kann sie sehr trockene und heiße Standorte besiedeln. So wird sie bei uns häufig da gepflanzt, wo nur unverwüstliche Bäume wachsen können, wie in Städten und an Straßenrändern. Das Holz wird gern im Möbelbau genutzt.

Schau genau!

Bei den Haseln sitzen die männlichen und die weiblichen Blüten getrennt an den Zweigen. Die langen männlichen Blütenkätzchen sind im Februar und März leicht zu finden. Dagegen musst du sehr genau hinschauen, um die weiblichen Blüten zu erkennen. Sie sehen aus wie eine Knospe mit einem kleinen rötlichen Haarbüschel.

weiblich Blüte

männliche Kätzchen

Die Baum-Hasel wird bis zu 25 m groß.

Die Baum-Hasel blüht von Februar bis März.

Die Hainbuche

Die Blätter der Hainbuche sind eiförmig und vorne zugespitzt. An den Blattnerven ist das Blatt leicht gefaltet, wie bei einer Wellpappe. Im Herbst fallen die braunen Blätter nicht ab, sondern bleiben bis in den Winter am Baum hängen. Die männlichen und weiblichen Blütenkätzchen fallen im Frühjahr kaum auf. Dagegen sind die herunterhängenden Fruchtstände leicht zu erkennen.

Wichtig zu wissen!

Das helle Holz der Hainbuche ist nach dem vom Speierling das härteste und schwerste Holz. Trotzdem ist es noch recht biegsam. Wegen dieser besonderen Eigenschaften wird das Holz oft für Werkzeugstiele, Dreschflegel, Hobel, Holzhämmer und hölzerne Maschinenteile benutzt.

Die Hainbuche ist ein recht häufiger Baum in unseren Laubwäldern. Auch in Parks und Gärten kommt sie zahlreich vor, und da sie sich gut beschneiden lässt, wird sie oft als Gartenhecke angepflanzt.

Die Hainbuche wird 25 bis 30 m groß.

Die Hainbuche blüht von April bis Mai.

Feb | Mär | Apr | Mai | Jun | Jul | Aug | Sep | Okt | Nov | Dez

Die Berg-Ulme

Ulmenblätter erkennst du leicht an dem ungleichen Blattgrund. Die großen, ovalen Blätter der Berg-Ulme sind vorne am breitesten und haben oft drei Spitzen. Die Blattoberseite fühlt sich ganz rau an. Die unauffälligen Blüten erscheinen im Frühling schon lange vor den Blättern. Die Samen sind ringsherum geflügelt und sehen aus wie eine Scheibe. So können sie vom Wind weit getragen werden.

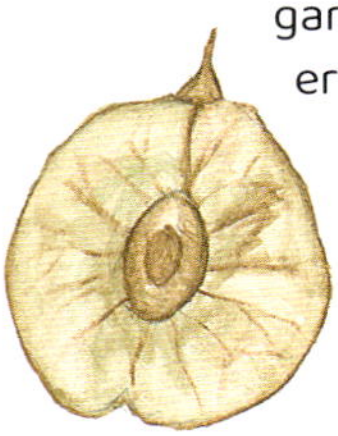

Samen

Wichtig zu wissen!

Vor etwa 100 Jahren wurde aus Asien mit einer Holzlieferung ein gefährlicher Pilz durch den Ulmensplintkäfer eingeschleppt. Dieser Pilz breitete sich rasant aus und brachte die heimischen Ulmen zum Absterben. Besonders die Berg-Ulme wurde stark befallen und ist heute sehr selten geworden. Nur wenige Bäume haben sich gegen den Pilz durchsetzen können.

Wie der Name schon sagt, kommt die Berg-Ulme vor allem in den Mittelgebirgen vor. Dort steht sie in schattigen Hangwäldern. Im Flachland findet man sie nur selten, hier vor allem als Parkbaum.

Die Berg-Ulme wird bis zu 40 m groß.

Die Berg-Ulme blüht von Februar bis April.

Jan | Feb | Mär | Apr | Mai | Jun | Jul | Aug | Sep | Okt | Nov

Die Feld-Ulme

Die Blätter der Feld-Ulme sind in Form und Größe sehr unterschiedlich. Typische Blätter sind länglich eiförmig, deutlich unsymmetrisch und glänzen. Auf der Blattunterseite sind in den Winkeln der Blattnerven weißliche Haarbüschel. Die in Büscheln stehenden Blüten treiben lange vor den Blättern aus. Die Samen sehen ähnlich aus wie bei der Berg-Ulme.

Haarbüschel

Samen

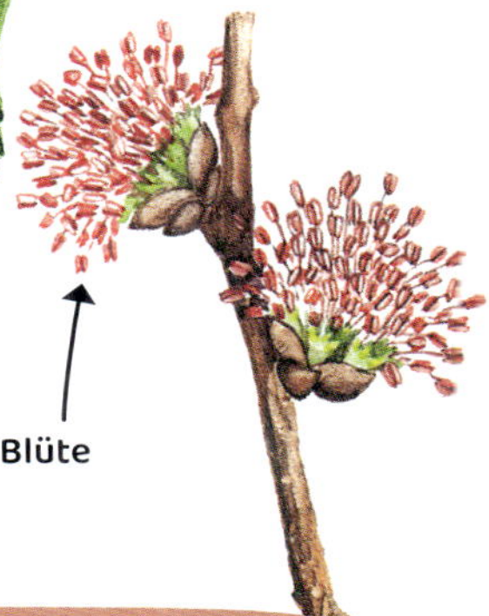
Blüte

Die Feld-Ulme kommt in Auwäldern, an sonnigen Waldrändern und in Feldgehölzen vor. Gelegentlich wird sie auch in Parks angepflanzt.

geschneitelter Baum

Wichtig zu wissen!

Früher wurde das Laub der Feld-Ulme an Kühe, Ziegen und Schafe verfüttert. Dafür hat man die frischen Äste am Stamm abgeschnitten (geschneitelt), getrocknet und im Winter verfüttert. Die geschneitelten Bäume bekamen durch diesen regelmäßigen Schnitt ein ganz charakteristisches Aussehen. In Österreich werden auch heute noch Bäume geschneitelt.

Die Feld-Ulme wird bis zu 40 m groß.

Die Feld-Ulme blüht von März bis April.

Jan | Feb | **Mär** | **Apr** | Mai | Jun | Jul | Aug | Sep | Okt | Nov | Dez

Die Winter-Linde

Die stattliche Winter-Linde kann über 1 000 Jahre alt werden. Ihre Blätter sind herzförmig mit einer kleinen Spitze. Auf der Blattunterseite findest du in den Achseln der Blattadern bräunliche Haare. An dem unauffälligen Blütenstand hängt ein hellgrünes Tragblatt, das später braun wird. Im Herbst dient es als Flugorgan, um die kleinen kugeligen Früchte möglichst weit fliegen zu lassen.

Schau genau!

Im Sommer ist die Linde bei Autofahrern weniger beliebt. Parkt man unter einem Lindenbaum, kann es passieren, dass am nächsten Morgen das Auto von einer klebrigen Flüssigkeit überzogen ist. Dann sitzt der Baum voller Blattläuse, die die Linde mit ihrem Saugrüssel anbohren und einen Teil des Baumsafts in Form von klebrigem Honigtau wieder abgeben.

Die Winter-Linde steht verstreut in unseren heimischen Laubwäldern. Du findest sie aber auch in den meisten Parks oder als Straßenbaum.

Die Winter-Linde wird 25 bis 30 m groß.

Die Winter-Linde blüht von Juni bis Juli.

Jan | Feb | Mär | Apr | Mai | Jun | Jul | Aug | Sep | Okt | Nov

Die Sommer-Linde

Im Gegensatz zur Winter-Linde sind bei diesem Baum die Achselhaare auf der Blattunterseite weißlich. Außerdem sind die herzförmigen Blätter etwas größer. Der Blütenstand ist ähnlich der Winter-Linde, hat aber meist weniger Einzelblüten. Die Sommer-Linde blüht etwa zwei Wochen vor der Winter-Linde.

Wichtig zu wissen!

Bei unseren Vorfahren, den Germanen, hatten Linden eine besondere Bedeutung: Es waren heilige Bäume, die der Göttin Frigga geweiht waren. In jedem Dorf stand meist zentral eine Dorflinde. Dort fanden Feste und Versammlungen statt und es war auch der Gerichtsort. Noch heute gibt es in einigen Dörfern große alte Gerichtslinden.

Die Sommer-Linde ist ein Schattenbaum, der vereinzelt in unseren Laubwäldern steht. Als Straßenbaum und in Parks spendet er mit seiner großen Krone angenehmen Schatten.

Die Sommer-Linde wird bis zu 40 m groß.

Die Sommer-Linde blüht im Juni.

Feb | Mär | Apr | Mai | Jun | Jul | Aug | Sep | Okt | Nov | Dez

Die Echte Mehlbeere

Die Echte Mehlbeere ist ein kleiner, unauffälliger Baum oder Strauch. Die Unterseite der großen, eiförmigen Blätter ist silbrig weich behaart. Aus den dicht beieinanderstehenden weißen Blüten entwickeln sich rote Früchte mit zwei Kernen. Erst nach Frost oder starkem Erhitzen können die faden, mehligen Früchte ohne Bauchschmerzen gegessen werden.

Wichtig zu wissen!

Ihren Namen verdankt die Mehlbeere ihren mehligen Früchten. In Notzeiten wurden sie getrocknet, zu Mehl gemahlen und unter den Brotteig gemischt. Heute freuen sich die Vögel darüber. Meist bleiben die roten Früchte aber bis in den Spätwinter hängen und werden erst dann gefressen.

Die Echte Mehlbeere mag es gern sonnig und warm. Sie steht an Waldrändern oder im lichten Wald. Aber auch in Parks und Gärten wird die Mehlbeere gepflanzt.

Die Echte Mehlbeere wird 5 bis 12 m groß.

Die Echte Mehlbeere blüht von Mai bis Juni.

Jan | Feb | Mär | Apr | Mai | Jun | Jul | Aug | Sep | Okt | Nov

Die Schwarz-Erle

Zwei bis vier Wochen vor den Blättern erscheinen die männlichen und weiblichen Blüten. Die Früchte sehen aus wie kleine Zapfen und bleiben den ganzen Winter am Baum. Die dunkelgrünen Blätter sind rundlich und an der Blattspitze meist eingebuchtet oder sogar stumpf. Die Blätter fallen im Herbst dunkelgrün vom Baum.

Erstaunlich!

Die Erle bildet an den Wurzeln kleine Knöllchen aus. In diesen Knöllchen lebt ein bestimmter Pilz, der von der Erle mit Energie versorgt wird. Im Gegenzug liefert der Pilz der Erle lebenswichtigen Dünger. Diese Form des Zusammenlebens zweier Arten, bei dem jeder dem anderen nützt, nennt man Symbiose.

Die Schwarz-Erle wächst auf nassen Böden. Du findest sie an Bach-, Fluss- und Seeufern. Der Baum kann auch mehrere Wochen im Wasser stehen.

Die Schwarz-Erle wird bis zu 25 m groß.

Die Schwarz-Erle blüht von März bis April.

n | Feb | Mär | Apr | Mai | Jun | Jul | Aug | Sep | Okt | Nov | Dez

Die Schwarz-Pappel

Die dunkelgrün glänzenden Blätter haben einen dreieckigen Umriss und einen langen Blattstiel. Es gibt männliche und weibliche Bäume, die ihre Blütenkätzchen vor den Blättern austreiben. Die Samen hängen an silbrigen Fäden, die im Mai wie Watte auf dem Boden umhergeweht werden.

Wichtig zu wissen!

Die Schwarz-Pappel ist heutzutage relativ selten geworden und steht schon auf der Roten Liste der gefährdeten Pflanzen. Meist findest du die sehr ähnliche Bastard-Schwarz-Pappel. Das ist eine Kreuzung aus Kanadischer und Europäischer Schwarz-Pappel. Sie ist robust, wächst schneller als die eigentliche Schwarz-Pappel und wird deshalb oft gepflanzt. Häufig ist auch eine säulenartig wachsende Zuchtform der Schwarz-Pappel, die Pyramiden-Pappel.

Die Schwarz-Pappel wächst entlang von Flüssen, Bächen und Seen. Die Wurzeln vertragen es, zeitweise überflutet im Wasser zu stehen.

Pyramiden-Pappeln

Die Schwarz-Pappel wird bis zu 30 m groß.

Die Schwarz-Pappel blüht von März bis April.

Jan | Feb | **Mär** | **Apr** | Mai | Jun | Jul | Aug | Sep | Okt | Nov | D

Die Hänge-Birke

Ihren Namen verdankt die Hänge-Birke ihren langen, dünnen herunterhängenden Zweigen. Die relativ kleinen Blätter sind eiförmig bis dreieckig. Unverwechselbar ist auch die weiße Rinde, die sich in papierartigen Streifen ablösen lässt. Vom Wind werden die kleinen geflügelten Samen weit verstreut.

Samen

Wichtig zu wissen!

Die Birke wird vielfältig genutzt. Aus den dünnen Ästen werden Reisigbesen hergestellt. Im Frühjahr wird der Baum angezapft und der aufsteigende Birkensaft gewonnen. Daraus werden Medizin und Kosmetikprodukte hergestellt. Und aus der Rinde wurde früher Birkenteer gemacht, eine Art Klebstoff.

Die Hänge-Birke ist weitverbreitet, kommt aber bevorzugt auf sandigen Böden, in Heiden und Mooren vor. Sie wächst auch in Kiesgruben, Feldgehölzen, auf Brachland und an Wegrändern. Zum Wachsen braucht die Birke viel Licht.

Die Hänge-Birke wird bis zu 25 m groß.

Die Hänge-Birke blüht von März bis Mai.

Feb | Mär | Apr | Mai | Jun | Jul | Aug | Sep | Okt | Nov | Dez

Die Ess-Kastanie

Die länglichen und bis zu 30 cm langen, scharf gesägten Blätter fallen sofort auf. Die Blätter sind ledrig und stark glänzend. Die hellgelben Blütenkätzchen sind mit 15 cm sehr lang. Im September/Oktober werden die Früchte reif. Die essbaren Kastanien (Maronen) sind von einer stacheligen Hülle umschlossen.

Wichtig zu wissen!

Die leckere Ess-Kastanie ist wahrscheinlich von den Römern nach Mitteleuropa gebracht worden, da sie damals ein wichtiges Nahrungsmittel war. Damit ist sie aber nicht die einzige Pflanze, die von den Römern eingeführt wurde. Auch Wein, Walnüsse, Pflaumen, Pfirsiche, Quitten, Äpfel und Birnen, wie wir sie heute kennen, stammen von den Römern.

Da die Ess-Kastanie aus dem Mittelmeerraum stammt, wächst sie bei uns vor allem in den wärmeren Gebieten. Sie wird auch häufig in Parks und Gärten angepflanzt.

Die Ess-Kastanie wird bis zu 30 m groß.

Die Ess-Kastanie blüht von Juni bis Juli.

Jan | Feb | Mär | Apr | Mai | **Jun** | **Jul** | Aug | Sep | Okt | Nov

Der Weiße Maulbeerbaum

Die Blätter vom Maulbeerbaum können sehr unterschiedlich sein. Kleinere Blätter sind eiförmig und am Rand unregelmäßig gezähnt. Größere werden bis zu 20 cm lang und haben drei bis fünf Lappen. Die Nerven auf der Unterseite sind behaart. Der Weiße Maulbeerbaum hat grüne, unauffällige Blüten. Die Früchte sind weiß und haben eine brombeerartige Form. Sie schmecken leicht süßlich.

Erstaunlich!

Eine Zeit lang wurden viele Maulbeerbäume bei uns für die Seidenraupenzucht angepflanzt. Ihre Blätter dienen der Seidenraupe als Nahrung. Später wurde die Seidenraupenzucht wieder aufgegeben, weil das Klima in Deutschland für die Raupen nicht ideal ist. Viele alte Maulbeerbäume stammen noch aus dieser Zeit.

Seidenraupe

Der Maulbeerbaum stammt aus China und wird bei uns in Gärten und Parks angepflanzt. Neben dem Weißen Maulbeerbaum gibt es auch einen Schwarzen Maulbeerbaum, dessen Früchte aromatischer sind.

Der Weiße Maulbeerbaum wird bis zu 15 m groß.

Der Weiße Maulbeerbaum blüht von Mai bis Juni.

Feb | Mär | Apr | Mai | Jun | Jul | Aug | Sep | Okt | Nov | Dez

Das Pfaffenhütchen

Dieser eher kleine Strauch oder Baum hat längliche, am Rand fein gezähnte Blätter. Die weißlichen Blüten haben vier Blütenblätter, die wie ein Kreuz angeordnet sind. Im Herbst fallen besonders die roten Fruchtkapseln mit dem orangenen Samen auf. Seinen Namen verdankt das Pfaffenhütchen der Form der Früchte, die an die Kopfbedeckung katholischer Pfarrer erinnert.

kreuzförmige Blüten

Finger weg!

Vorsicht! Alle Pflanzenteile des Pfaffenhütchens sind für Menschen sehr giftig. Vögel können die Samen im Winter dagegen unbeschadet fressen.

Wichtig zu wissen!

Das Pfaffenhütchen wird auch Spindelstrauch genannt. Denn früher wurden die Spindel zum Garnspinnen oder auch Stricknadeln aus diesem Holz gemacht.

In Hecken, Gebüschen und vor allem in Auwäldern kommt das Pfaffenhütchen oft vor. Wegen seiner schönen Früchte wird es auch in Gärten und Parks häufig angepflanzt.

Das Pfaffenhütchen wird 2 bis 6 m groß.

Das Pfaffenhütchen blüht von Mai bis Juni.

Jan | Feb | Mär | Apr | Mai | Jun | Jul | Aug | Sep | Okt | Nov

Die Stechpalme

Die immergrünen Blätter der Stechpalme sind unverwechselbar. Die dunkelgrünen, glänzenden und ledrigen Blätter haben nämlich ziemlich lange, piksende Spitzen am Rand. Es gibt aber auch Blätter, die ganzrandig sind, also einen glatten Rand haben. Die kleinen weißen, vierblättrigen Blüten wachsen in Büscheln in den Blattachseln. Im Herbst fallen die leuchtend roten Beeren auf, die häufig im Adventsschmuck verwendet werden.

Die Früchte sind sehr giftig.

Blatt mit glattem Rand

Schau genau!

Je nachdem, wo die Stechpalme wächst, wird sie eher strauch- oder baumförmig. Im Unterholz von Wäldern bleibt sie klein und strauchig, frei stehend an einem sonnigen Platz kann sie ein 15 m hoher Baum werden. Die großen Exemplare liefern wertvolles Holz.

Die Stechpalme mag milde Winter und nicht zu trockene Sommer, weshalb sie nur in Nord- und Westdeutschland natürlich vorkommt. Sie ist aber weitverbreitet, weil sie oft in Parks und Gärten gepflanzt wird.

Die Stechpalme wird bis zu 15 m groß.

Die Stechpalme blüht von Mai bis Juni.

Feb	Mär	Apr	Ma	Jun	Jul	Aug	Sep	Okt	Nov	Dez

Die Japanische Blütenkirsche

Hast du im Frühling auch schon Bäume gesehen, die über und über mit rosa Blüten übersät waren? Dann hast du sicher eine Japanische Blütenkirsche entdeckt. Erst nach der Blüte wachsen die eiförmigen Blätter. Am Rand sind sie fein gezähnt. Im Herbst werden sie glänzend gelb oder orange. Die Rinde ist bei jungen Bäumen rötlich und lässt sich ringförmig ablösen. Nur wenige Bäume haben so eine Ringelborke.

Schau genau!

Schau dir mal eine Blüte ganz genau an. Wahrscheinlich wirst du keine Staubblätter finden, dafür aber ziemlich viele rosa Blütenblätter. Solche Blüten werden als gefüllte Blüten bezeichnet und werden so gezüchtet. Bei der Blütenkirsche haben sich die Staubblätter in Blütenblätter umgewandelt. Deshalb bekommt sie auch keine Früchte.

Ob sie ursprünglich aus Japan oder China stammt, weiß man nicht genau, auf jeden Fall wird sie dort schon seit ca. 2 000 Jahren gezüchtet. Bei uns wird sie in Parks, Gärten oder als Straßenbaum gepflanzt.

Die Japanische Blütenkirsche wird bis zu 12 m groß.

Die Japanische Blütenkirsche blüht von April bis Mai.

Jan | Feb | Mär | Apr | Mai | Jun | Jul | Aug | Sep | Okt | Nov

Der Wollige Schneeball

Seinen Namen verdankt er der filzig grauen Unterseite seiner Blätter. Auch die Zweige sind dicht graubraun behaart. Die dunkelgrünen Blätter sind eiförmig, haben einen fein gezähnten Rand und eine runzlige Oberseite. Die kleinen weißen Blüten bilden eine flache oder halbkugelige Schirmrispe. Sieh dir die Beeren an. Sie wechseln im Herbst ihre Farbe. Erst sind sie rot, später werden sie schwarz. In einem Fruchtstand findest du oft beide Farben.

Der Wollige Schneeball steht in Hecken und Gebüschen, an Waldrändern oder in lichten Wäldern. Er bevorzugt kalkhaltige Böden, wächst aber auch auf anderen ziemlich gut.
Der dichte, buschige Strauch lässt sich gut beschneiden. Er wird deshalb häufig in Grünanlagen, Gärten oder an Straßenböschungen gepflanzt.

Erstaunlich!

Das Holz des Schneeballs ist sehr elastisch und bruchfest. Dadurch ist es ideal für die Anfertigung von Pfeilen. Selbst Ötzi, die 5 300 Jahre alte Gletschermumie aus den Alpen, hatte Pfeile dabei, die aus dem Holz des Wolligen Schneeballs gefertigt waren.

Der Wollige Schneeball wird 2 bis 5 m groß.

Der Wollige Schneeball blüht von April bis Mai.

Feb | Mär | Apr | Mai | Jun | Jul | Aug | Sep | Okt | Nov | Dez

Der Schneeball

Der große Strauch oder kleine Baum hat drei- bis fünflappige große Blätter. Die Blattunterseite ist behaart und der Blattrand unregelmäßig grob gezahnt. Der Blütenstand hat am Rand große, weiß leuchtende Blüten. In der Mitte findest du kleine gelbliche Blüten, aus denen im Herbst rot glänzende Früchte werden. Aber Vorsicht, sie sind leicht giftig.

Den Schneeball findest du meist auf feuchten Böden, an Bach- und Flussufern, an schattigen Waldrändern und in Hecken. Wegen seiner schönen Blüten und Früchte wird er aber auch gern in Parks und Gärten angepflanzt.

Schau genau!

Der Schneeball ist für Läuse sehr anfällig. Die Schwarze Bohnenlaus zum Beispiel legt hier im Herbst ihre Eier ab, die an den Ästen überwintern. Im Frühjahr machen sich die Läuse über das erste frische Grün her, wechseln dann aber auf Bohnen oder andere krautige Pflanzen. Vielleicht kannst du ja ein paar Läuse entdecken.

Der Schneeball wird 2 bis 5 m groß.

Der Schneeball blüht von Mai bis Juni.

Jan Feb Mär Apr **Mai Jun** Jul Aug Sep Okt Nov

Die Ahornblättrige Platane

Die Ahornblättrige Platane ist ein großer, mächtiger Baum. Die handförmig gelappten Blätter sind dem Spitz-Ahorn ähnlich, haben aber längere Blattstiele. Die Blattadern sind auf der Blattunterseite behaart. Die Früchte hängen bis in den Winter als kugelige Troddeln am Baum. Auffällig ist auch die grau und grün gescheckte Rinde. Sie lässt sich als dünne Rindenplatte leicht ablösen.

Rinde

Da die Platanen schnell wachsen, sehr robust sind und ihnen Luftverschmutzungen und starker Rückschnitt wenig ausmachen, werden die Bäume in Stadtparks oder an Straßen gepflanzt. In Wäldern findest du die Platane dagegen nicht.

Wichtig zu wissen!

Die Blüten sind getrenntgeschlechtlich, das heißt, die männlichen und weiblichen Blüten sind nicht in einer Blüte vereint. Die männlichen Blütenstände sind klein, grün und kugelig, die weiblichen größer, rötlich und kugelig. Bei anderen Baumarten gibt es sogar männliche und weibliche Bäume, zum Beispiel bei der Eibe.

Die Ahornblättrige Platane wird bis zu 35 m groß.

Die Ahornblättrige Platane blüht im Mai.

Feb | Mär | Apr | **Mai** | Jun | Jul | Aug | Sep | Okt | Nov | Dez

Der Spitz-Ahorn

Der Spitz-Ahorn hat große, handförmig gelappte Blätter. Die Blattenden sind lang und spitz. Wenn du den Blattstiel anschneidest, tritt Milchsaft aus. Im Frühjahr erscheinen die gelblich grünen Blüten vor den Blättern. Die schwach gewinkelten Flügelfrüchte fallen häufig erst nach den Blättern ab.

Spielen im Herbstlaub – das macht Spaß!

schwach gewinkelte Früchte

Wichtig zu wissen!

Werden im Herbst die Tage kürzer und die Nächte kälter, bereiten sich die Bäume auf den Winter vor. Sie ziehen alle wichtigen Nährstoffe aus den Blättern heraus und lagern sie in den Wurzeln, im Stamm und in den Knospen ein. Zurück bleiben die roten und gelben Blattfarbstoffe. Besonders das Laub der Ahornbäume ist dann sehr farbenprächtig.

Der Spitz-Ahorn kommt in leicht feuchten und nährstoffreichen Wäldern vor. In Gärten und Parks wird er auch wegen seiner tollen Laubfärbung angepflanzt.

Der Spitz-Ahorn wird 15 bis 30 m groß.

Der Spitz-Ahorn blüht von April bis Mai.

Jan | Feb | Mär | Apr | Mai | Jun | Jul | Aug | Sep | Okt | Nov

Der Berg-Ahorn

Die großen fünflappigen Blätter sind am Blattrand etwas gesägt und haben nur kurze Spitzen. Die traubenartigen Blütenstände wachsen, sobald die Blätter ausschlagen. Erst im November oder Dezember fallen die stark gewinkelten Flügelfrüchte ab.

Mach mit!

Mit Blättern kannst du prima basteln. Als Erstes brauchst du ein paar bunte Blätter, die du dir im Wald, Garten oder Park suchst. Aus diesen Blättern kannst du fantasievolle Collagen auf Papier kleben. Oder du machst einen Blätterdruck. Dafür malst du die eine Blattoberseite mit Wasser- oder Fingerfarben an und drückst sie aufs Papier. Sehr hübsch sieht auch die Spritztechnik mit der Zahnbürste aus. Hierbei spritzt du mit der Zahnbürste Farbe über das Laubblatt. Zurück bleibt ein schöner Umriss. So kannst du dein eigenes Briefpapier gestalten.

Wie der Name schon sagt, wächst der Berg-Ahorn vor allem in den Mittelgebirgen und in den Alpen fast bis zur Baumgrenze. Er mag kühle und feuchte Luft. Du findest ihn aber auch in normalen Laubwäldern, als Alleebaum oder in Parks.

Der Berg-Ahorn wird 20 bis 30 m groß.

Der Berg-Ahorn blüht von April bis Mai.

Feb	Mär	Apr	Mai	Jun	Jul	Aug	Sep	Okt	Nov	Dez

Der Feld-Ahorn

Die Blätter des Feld-Ahorns haben drei bis fünf stumpfe Blattlappen und können bis zu 10 cm lang werden. Gleichzeitig mit den Blättern treiben im Frühling die kleinen, unauffälligen Blüten aus. Im Spätsommer entwickeln sich die typischen paarigen Flügelfrüchte mit fast waagerecht abstehenden Flügeln.

Mach mit!

Die Früchte aller Ahorn-Arten sind sogenannte Schraubenflieger. Probier es aus und wirf ein paar Früchte aus dem Fenster. Nach ein paar Zentimetern fangen sie an, sich wie ein Hubschrauber zu drehen, und sinken so langsam zu Boden. Dabei kann der Wind den Samen weitertragen.

Der Feld-Ahorn kommt in krautreichen Wäldern, Feldgehölzen und Hecken vor. Er mag es lieber warm und wächst nicht so gern auf feuchten Böden. Im Norden Deutschlands ist er deshalb nicht so verbreitet.

Der Feld-Ahorn wird 5 bis 15 m groß.

Der Feld-Ahorn blüht von April bis Mai.

Jan | Feb | Mär | **Apr** | **Mai** | Jun | Jul | Aug | Sep | Okt | Nov

Der Eingriffelige Weißdorn

Der Weißdorn ist ein sehr dichter, corniger Strauch, nur selten erreicht er die Größe und Form eines Baums. Seine Blätter sind meist fünflappig und die Buchten sind fast bis zur Blattrippe eingeschnitten. Die Blüten leuchten weiß, ähnlich wie bei einem Kirschbaum. Die eiförmigen roten Früchte werden ab September reif und haben nur einen Kern.

Den Eingriffeligen Weißdorn findest du vor allem in Feldhecken, Gebüschen und an Waldrändern. Aber auch in Parks und naturnahen Gärten kannst du den schön blühenden Strauch finden.

Schau genau!

Eine sehr ähnliche Art ist der Zweigriffelige Weißdorn. Wenn du dir dessen Blüte genau anschaust, erkennst du zwei weibliche Stempel. Sind die mehligen Früchte reif, haben sie auch zwei Kerne. Die Blätter sind oben breiter als am Grund und meist nicht so tief eingeschnitten.

Der Eingriffelige Weißdorn wird 2 bis 10 m groß.

Der Eingriffelige Weißdorn blüht von Mai bis Juni.

Feb | Mär | Apr | Mai | Jun | Jul | Aug | Sep | Okt | Nov | Dez

Die Elsbeere

Mit den dreieckigen Spitzen sehen die gelappten Blätter der Elsbeere einem Ahornblatt etwas ähnlich. Die kleinen weißen Blüten bilden zusammen eine Blütendolde. Im Herbst sind die ca. 1 cm großen, birnenförmigen Früchte reif. Die Elsbeere verbreitet sich nicht nur über die Samen, auch aus den Wurzeln können neue Triebe entstehen. Aber erst nach etwa 20 Jahren bilden sie die ersten Früchte.

Erstaunlich!

Die Elsbeere ist ein sehr wertvoller Baum. Früher wurden ihre Früchte gegen Bauchschmerzen und Durchfallerkrankungen eingesetzt. Heute wird aus den Früchten ein sehr teurer Schnaps gebrannt. Die wenigen Früchte müssen mühsam mit der Hand gepflückt werden. Teuer ist auch das Holz, weil die Bäume so selten sind. Für schön gewachsene Stämme werden mehrere tausend Euro pro Meter Stamm bezahlt.

Der seltene Baum mag es warm, du findest die Elsbeere am ehesten in süddeutschen Eichenmischwäldern, an Waldrändern und in Feldgehölzen. Mit ihren tief greifenden Wurzeln kann sie lange Trockenheit und starke Stürme gut überstehen.

Die Elsbeere wird bis zu 30 m groß.

Die Elsbeere blüht von Mai bis Juni.

Jan | Feb | Mär | Apr | Mai | Jun | Jul | Aug | Sep | Okt | Nov

Der Tulpenbaum

An der Form seiner Blätter erkennst du den Tulpenbaum ganz leicht. Sie sind fast quadratisch und haben vier kurze, zugespitzte Lappen. Der vordere Blattrand ist ganz gerade oder leicht nach innen gebuchtet. Seinen Namen verdankt der Tulpenbaum den gelblichen Blüten, die mit ihren sechs Blütenblättern an eine Tulpe erinnern. Die Früchte sehen dagegen entfernt einem Nadelbaumzapfen ähnlich.

Erstaunlich!

Bienen sammeln im Frühling gerne den Nektar der Tulpenbaumblüten. Ein Baum ergibt etwa 1,5 bis 2 kg leckeren Honig.

Ursprünglich stammt der Tulpenbaum aus dem Osten Nordamerikas. In den letzten Jahren wird er bei uns immer häufiger in Parks, Gärten oder als Straßenbaum gepflanzt. Von Fossilien weiß man, dass der Tulpenbaum früher auch in Europa verbreitet war, bis er dann während der letzten Eiszeit ausstarb.

Der Tulpenbaum wird bis zu 40 m groß.

Der Tulpenbaum blüht von April bis Mai.

Feb | Mär | Apr | Mai | Jun | Jul | Aug | Sep | Okt | Nov | Dez

Die Stiel-Eiche

Die Blätter sind denen der Trauben-Eiche sehr ähnlich, sie sind aber nicht so symmetrisch und die Buchten sind tiefer eingeschnitten. Die unscheinbaren Blüten erscheinen kurz nach dem Austrieb des Laubs. Die Eicheln haben einen langen Stiel, woher der Baum auch seinen Namen hat.

Schau genau!

Eichen können über 1 000 Jahre alt werden, so alt wird kaum ein anderer heimischer Laubbaum. Das Alter eines Baums stellst du anhand der Jahresringe im Holz fest. Schau dir dazu einmal einen frisch gefällten Baumstumpf an, dort erkennst du die Wachstumsringe. Helle und dunkle Ringe wechseln sich ab. Im Frühjahr und Sommer wächst der Baum sehr stark und das Holz ist heller, im Herbst wächst der Baum dagegen nur sehr langsam und der Ring ist daher dunkler.

In unseren Wäldern wirst du die Stiel-Eiche häufig finden, ebenso wie in Parkanlagen und auf Friedhöfen.

Die Stiel-Eiche wird 20 bis 40 m groß.

Die Stiel-Eiche blüht von April bis Mai.

Jan	Feb	Mär	**Apr**	**Mai**	Jun	Jul	Aug	Sep	Okt	Nov

Die Trauben-Eiche

Die 8 bis 12 cm langen Blätter sind symmetrisch und haben meist fünf bis sieben kleine, rundliche Lappen. Der Baum blüht sehr unauffällig, kurz nach dem Austrieb der Blätter. Umso auffälliger sind die Früchte, die Eicheln. Sie sitzen zu mehreren fast ohne Stiel zusammen und sehen aus wie Trauben. Daher kommt der Name des Baums.

Die Trauben-Eiche ist in den Wäldern weitverbreitet und wird auch in Parks und auf Friedhöfen gern gepflanzt.

Schau genau!

Auf der Blattunterseite findest du manchmal rundliche Kugeln. Hier hat eine Eichengallwespe ein Ei gelegt, was dazu führt, dass der Baum diese runden Eichengallen bildet. Eichengallen enthalten viel Gerbsäure. Daraus wurde früher, mithilfe einer eisenhaltigen Substanz (Eisenvitriol), schwarze Tinte hergestellt.

Eichengalle am Blatt

Die Trauben-Eiche wird 20 bis 40 m groß.

Die Trauben-Eiche blüht von April bis Mai.

Feb | Mär | Apr | Mai | Jun | Jul | Aug | Sep | Okt | Nov | Dez

Die Rot-Eiche

Im Gegensatz zu unseren heimischen Eichen sind die gelappten Blätter deutlich größer und an den Blattlappen zugespitzt. Der silbergraue Stamm ist relativ glatt, ähnlich wie bei einer Buche. Die Blüten sind unauffällig. In relativ flachen Fruchtbechern sitzen die Eicheln. Im Herbst färben sich die Blätter leuchtend gelborange und rot.

Mach mit!

Aus Eicheln und den Fruchtbechern lässt sich prima Herbst- und Weihnachtsschmuck basteln. Filze aus bunter Wolle ein paar Wolleicheln und klebe sie in die Fruchtbecher. Du kannst auch die Eicheln und Fruchtbecher mit Acrylfarbe anmalen. In einem Schälchen oder einfach auf den Tisch gelegt sehen sie sehr schön aus. In Silber oder Gold kannst du sie sogar an den Weihnachtsbaum hängen.

Die Rot-Eiche stammt aus dem Osten Nordamerikas. Bei uns wird sie gern in Wäldern angepflanzt, weil sie in den ersten Jahrzehnten schneller wächst als die heimischen Eichen. Außerdem ist sie nicht so anfällig für Schädlinge. Wegen der schönen Herbstfärbung steht die Rot-Eiche in vielen Parkanlagen. Sie mag eher feuchtes Wetter mit durchlässigen Böden.

Die Rot-Eiche wird bis zu 35 m groß.

Die Rot-Eiche blüht im Mai.

Jan | Feb | Mär | Apr | **Mai** | Jun | Jul | Aug | Sep | Okt | Nov

Der Efeu

Mit sogenannten Haftwurzeln ist der immergrüne Efeu in der Lage, an allem hochzuklettern, was eine leicht raue Oberfläche hat. Die Blätter sehen unterschiedlich aus, sie sind drei- oder fünflappig und an den Blütentrieben rautenförmig und ungelappt. Die Blattoberseite ist glänzend mit einem hellen Adernetz. Ungewöhnlich ist die Blütezeit im Herbst, sodass die blauschwarzen Beeren erst im Frühjahr reif werden.

Erstaunlich!

Efeu ist zwar giftig, in geringer Dosis aber ein gutes Mittel gegen Husten.

Mach mit!

Als Hausbegrünung sieht Efeu nicht nur sehr schön aus, er ist auch ziemlich nützlich. Efeu schützt die Hauswand vor Regen und großen Temperaturschwankungen und ist noch eine zusätzliche Isolierung. Gleichzeitig bietet er einen Lebensraum für Vögel und Insekten.

Wild wächst der Efeu in Mitteleuropa in Laub- und Auwäldern, besonders an schattigen Stellen. Er kann den ganzen Boden bedecken oder die Stämme von Bäumen überziehen. In Städten begrünt er Hauswände, Zäune und Mauern.

Der Efeu wird bis zu 20 m groß.

Der Efeu blüht von September bis Oktober.

Feb	Mär	Apr	Mai	Jun	Jul	Aug	Sep	Okt	Nov	Dez

Die Silber-Pappel

Die Unterseite der Blätter ist dicht weißfilzig behaart, sodass der ganze Baum von Weitem silbrig leuchtet. Das Blatt hat drei bis fünf Lappen und der Blattrand ist grob gesägt. Bei der Silber-Pappel gibt es männliche und weibliche Bäume. Die Blütenkätzchen erscheinen vor dem Blattaustrieb. Die kleinen Samen hängen an einem weißlichen Haarschopf, der Ende Mai und Anfang Juni wie Watte durch die Gegend fliegt.

Wichtig zu wissen!

Das Holz der Pappeln ist sehr leicht, weich und rissig und deshalb nicht sehr begehrt. Meist werden Papier, Zündhölzer, Holzwolle, Spanplatten oder Zahnstocher daraus gemacht. Auch die Holzclogs in Holland sind aus dem weichen Pappelholz geschnitzt.

Die Silber-Pappel wächst vor allem in Flussauen, die nicht regelmäßig überschwemmt werden. Aber auch in Parks wird sie wegen der schönen silbrigen Blätter gern gepflanzt.

Die Silber-Pappel wird 15 bis 30 m groß.

Die Silber-Pappel blüht von März bis April.

Jan	Feb	Mär	Apr	Mai	Jun	Jul	Aug	Sep	Okt	Nov

Die Zitter-Pappel

wird auch Espe genannt

Die Blätter der Zitter-Pappel sind fast kreisrund und buchtig gelappt, ähnlich einem Zahnkranz am Fahrrad. Der Blattstiel ist leicht abgeplattet. Wie bei der Silber-Pappel gibt es männliche und weibliche Bäume, die ihre Blütenkätzchen vor den Blättern austreiben. Auch die Früchte sind wollig behaart.

Wichtig zu wissen!

Kennst du den Ausdruck: Zittern wie Espenlaub? Die Blätter der Zitter-Pappel sind besonders beweglich. Das liegt an dem langen, abgeplatteten Blattstiel. So reicht ein leichter Windhauch, um das Blatt zittern und rascheln zu lassen.

Blütenkätzchen der Zitter-Pappel

Die Zitter-Pappel kommt überall da vor, wo der Boden ungenutzt ist, also auf Brachland, auf frisch geschlagenen Lichtungen, in Steinbrüchen oder an Weg- und Waldrändern.

Die Zitter-Pappel wird bis zu 30 m groß.

Die Zitter-Pappel blüht von März bis April.

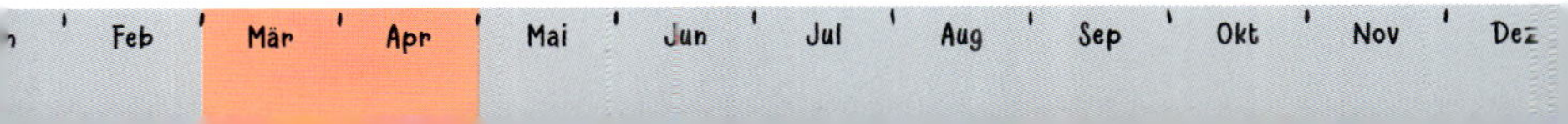

Der Ginkgo

Wie ein kleiner grüner Fächer hängt das Ginkgoblatt an einem langen Stiel. Auffällig sind die parallelen, gabelig verzweigten Blattnerven. Der Blattrand sieht etwas ausgefranst aus. Beim Ginkgo gibt es männliche und weibliche Bäume. Meist werden aber nur männliche Bäume gepflanzt, da die weiblichen runden, gelbgrünen Früchte unangenehm stinken.

Erstaunlich!

Der Ginkgobaum ist ein lebendes Fossil, den es schon vor 180 Millionen Jahren gab, als noch die Dinosaurier die Erde beherrschten. Obwohl der Ginkgo Blätter wie ein Laubbaum hat, gehört er zur Gruppe der Nadelbäume. Er ist damit der einzige Nadelbaum, der flächige Nadelblätter hat.

Ursprünglich kommt der Ginkgobaum aus einem kleinen Gebiet in Ostchina. In Deutschland findest du ihn in Parks und Gärten. Da er so widerstandsfähig gegen Umweltgifte ist, wird er auch oftmals als Straßenbaum gepflanzt.

Der Ginkgo wird bis zu 35 m groß.

Der Ginkgo blüht von März bis April.

Jan | Feb | Mär | Apr | Mai | Jun | Jul | Aug | Sep | Okt | Nov

Die Echte Walnuss

Die Blätter sehen denen der Esche ein bisschen ähnlich. Es gibt aber nur fünf bis neun Fiederblättchen, diese sind glänzend und haben einen glatten Rand. Die männlichen und weiblichen Blütenstände treiben mit den Blättern oft erst im Mai aus. Die Walnüsse hängen als grüne runde Früchte am Baum. Ab September platzt die Samenschale auf und die typische Walnuss erscheint.

Dank der Römer kommt die Walnuss auch bei uns vor. Meist wird sie in Parks und Gärten angepflanzt. Besonders in Weinanbaugebieten wächst sie auch an Waldrändern oder in Auwäldern.

Schau genau!

Achte einmal darauf, ob unter Walnussbäumen viele andere Pflanzen stehen oder eher wenige. In den Blättern der Walnuss befindet sich nämlich ein Gift, das nach dem Blattfall freigesetzt wird und das Wachstum anderer Pflanzen beeinträchtigt. Ein Walnussbaum im Garten hat neben den leckeren Nüssen noch den Vorteil, dass die duftenden Blätter die Fliegen und Mücken fernhalten.

Die Echte Walnuss wird bis zu 25 m groß.

Die Echte Walnuss blüht im Mai.

n | Feb | Mär | Apr | Mai | Jun | Jul | Aug | Sep | Okt | Nov | Dez

Die Esche

Das Blatt der Esche besteht aus 9 bis 13 Fiederblättchen. Die Fiederblättchen sind länglich eiförmig und am Blattrand gesägt. Schon vor dem Blattaustrieb erscheinen die unauffälligen Blüten. Die Fruchtstände hängen in Rispen bis weit in den Winter am Baum. Die Flügelnüsschen sind wie beim Ahorn Schraubenflieger und werden mit dem Wind verbreitet. Im Winter sind auch die schwarzen Knospen sehr auffällig.

Wichtig zu wissen!

Die Esche ist der Laubbaum in Deutschland, der mit 40 m am höchsten wächst.

Die Esche bevorzugt feuchte Böden, weshalb sie oft in Auwäldern, feuchten Tälern und Schluchten wächst. Auch in Parks kannst du sie finden.

Die Esche wird bis zu 40 m groß.

Die Esche blüht von April bis Mai.

Jan | Feb | Mär | Apr | Mai | Jun | Jul | Aug | Sep | Okt | Nov | D

Der Essigbaum

wird auch Kolben-Sumach genannt

Die gefiederten Blätter verfärben sich im Herbst zu einem intensiv leuchtenden Orangerot. Die Fiederblättchen sind am Rand gesägt. Meist wächst der Essigbaum eher buschig, weil er sich mithilfe von Wurzelausläufern schnell ausbreitet. Er kann sich aber auch zu einem kleinen Baum entwickeln. Die jungen Zweige sind samtartig behaart, sodass sie fast wie ein bastüberzogenes Hirschgeweih aussehen. Auffällig sind auch die kolbenartigen, aufrecht stehenden großen roten Fruchtstände.

Wichtig zu wissen!

Die Blätter enthalten große Mengen Gerbstoffe. Diese können gut zum Gerben von Leder verwendet werden. Das Leder wird dadurch schön weich und deutlich heller. Da allerdings andere Sumach-Arten noch höhere Gerbstoffgehalte aufweisen, wird der Kolben-Sumach kaum noch dafür angebaut.

Wegen seiner tollen Herbstfärbung wurde der Baum schon vor 400 Jahren aus Nordamerika eingeführt. Er wird häufig in Parks und Gärten angepflanzt und wächst an sonnigen Standorten.

Der Essigbaum wird 4 bis 12 m groß.

Der Essigbaum blüht von Juni bis Juli.

Feb | Mär | Apr | Mai | Jun | Jul | Aug | Sep | Okt | Nov | Dez

Der Chinesische Götterbaum

Bis zu 3 m im Jahr kann der Chinesische Götterbaum aus Stockausschlägen und Wurzeltrieben wachsen. Die großen gefiederten Blätter erinnern entfernt an Palmwedel, weshalb er von Pflanzenkundlern scherzhaft Ghettopalme genannt wird. Die graue Rinde hat ein markantes längs gestreiftes Muster. Im Herbst hängen die breit geflügelten Nüsschen in auffälligen Büscheln am Baum.

Flügelförmige Früchte

Wichtig zu wissen!

Seinen Namen verdankt er seinem enormen „zum Himmel gerichteten" Wachstum. Wird er abgeholzt, explodiert er mit seinen neuen Trieben regelrecht. Die kräftigen Wurzeln richten auch Schäden an Straßen und Mauerwerk an.

Als Erstbesiedler und Pionierbaum ist der Götterbaum sehr anspruchslos. Er wächst nicht nur in Parks und Gärten, sondern breitet sich auch auf Bahnhöfen, in Pflasterritzen und auf Autobahnmittelstreifen aus. Das einzig Wichtige ist Wärme und viel Sonne. Die langen Wurzeln reichen bis zu 30 m weit und können dort neue Triebe bilden.

Der Chinesische Götterbaum wird bis zu 30 m groß.

Der Chinesische Götterbaum blüht von Juni bis Juli.

Jan	Feb	Mär	Apr	Mai	Jun	Jul	Aug	Sep	Okt	Nov

Die Robinie

Die Blätter der Robinie haben bis zu 23 Fiederblättchen. Diese sind länglich eiförmig und haben einen glatten Rand. An der Basis der Blätter befinden sich zwei lange, spitze Dornen. Die Blüten hängen wie weiße Trauben am Baum und duften sehr stark. Bienen finden hier reichlich Nektar und stellen daraus den leckeren Akazienhonig her.

Schau genau!

Die Rinde der Robinie ist sehr rissig und tief gefurcht. Wenn du dir ihre Rinde oder die sehr grobe Rinde von anderen Bäumen genau anschaust, dann entdeckst du wahrscheinlich in den Ritzen kleine Samenkörner, Bucheckern oder aufgehackte Nüsse. Hier haben sich Kleiber, Meisen und Spechte ein paar Vorräte angelegt.

Fruchtschote, ca. 10 cm lang

Dornen

Fiederblättchen

Die Robinie stammt aus Nordamerika und wurde schon vor ca. 400 Jahren nach Europa eingeführt. Sie wurde in Parks, Gärten und als robuster Straßenbaum angepflanzt. Von dort aus hat sie sich stark ausgebreitet, sodass du sie jetzt leicht an Waldrändern, Schuttplätzen und trockenen Hangwäldern findest.

Die Robinie wird bis zu 25 m groß.

Die Robinie blüht von Mai bis Juni.

Feb Mär Apr Mai Jun Jul Aug Sep Okt Nov Dez

Die Vogelbeere

wird auch Eberesche genannt

Der kleine bis mittelgroße Baum hat ca. 15 bis 20 cm lange Blätter. Die 9 bis 17 Fiederblättchen sind länglich und haben einen scharf gesägten Rand. Im Frühjahr riechen die zerriebenen frischen Blätter nach Marzipan.

weiße Blütendolde

Die Vogelbeere ist ein robuster, schnell wachsender Baum. In lichten Wäldern, auf Kahlschlägen, in Gebüschen und an Wald- und Wegrändern kommt sie häufig vor. Wegen ihrer schönen Blüten und Früchte wird sie auch oft in Parks, Gärten und als Straßenbaum gepflanzt.

Wichtig zu wissen!

Die roten Vogelbeeren sind roh etwas bitter und werden in größeren Mengen nicht gut vertragen (leicht giftig). Nach dem ersten Frost oder nach dem Kochen schmecken sie aber leicht süßlich und es lässt sich sogar Marmelade daraus machen. Vor allem Drosseln lieben im Winter die vitaminreichen Beeren.

Die Vogelbeere wird bis zu 20 m groß.

Die Vogelbeere blüht von Juni bis Juli.

Jan | Feb | Mär | Apr | Mai | Jun | Jul | Aug | Sep | Okt | Nov

Der Schwarze Holunder

Der Schwarze Holunder wächst fast immer als buschiger Strauch. Die Blätter haben meist fünf gleich große Fiederblättchen. Diese sind länglich eiförmig mit einem gesägten Blattrand. Ab Mai ist der Busch übersät mit weißlichen Blütenständen, die süßlich duften. Die schwarzen Holunderbeeren sind schon ab August reif und bei vielen Vögeln sehr beliebt. Die Fruchtstiele verfärben sich dann purpurrot.

Auf leicht feuchten Standorten fühlt sich der Holunder wohl. Du findest ihn an Waldrändern, in Feldgehölze und Auwäldern. Da früher vieles aus ihm gemacht wurde, steht er auch meist bei alten Bauernhöfen, Gärten oder Feldscheunen.

Mach mit!

Um den Holunder ranken sich viele Sagen und Märchen.
Bei den Germanen wohnte die Hausgöttin Holla oder Holda im Holunderbusch. Daraus wurde dann in den Märchen die Frau Holle. Früher war der Holunderbusch im Garten ein Schutzbaum, der vor Feuer, Unglück und Hexerei schützen sollte.
Aus den Blüten kannst du Holundersirup oder Holunderküchlein machen, aus den Beeren Marmelade oder Saft kochen.

Der Schwarze Holunder wird bis zu 10 m groß.

Der Schwarze Holunder blüht von Mai bis Juni.

Jan | Feb | Mär | Apr | Mai | Jun | Jul | Aug | Sep | Okt | Nov | Dez

Die Rosskastanie

Die Blätter der Rosskastanie sind unverkennbar. Ihre fünf bis sieben Fiederblätter sehen aus wie eine Hand. Auch die schönen Blütenstände sind sehr auffällig. Wie Kerzen stehen die weißen, pyramidenförmigen Blütenrispen am Baum. Ab September findest du die runden, stacheligen Früchte unter dem Baum, die ein bis drei braune Kastanien enthalten.

Mach mit!

Essen kann man die nahrhaften Kastanien nicht, da sie ein leichtes Gift enthalten. Wildschweine oder Rehe vertragen sie viel besser. Aber zum Basteln sind sie ideal. Mit noch ein paar anderen Früchten oder Blättern, einem kleinen Bohrer, einer Packung Zahnstocher und etwas Kleber lassen sich viele lustige Kastanienmännchen basteln.

Die Rosskastanie stammt aus den Wäldern auf dem Balkan. Seit dem 16. Jahrhundert wird sie auch in Mitteleuropa angepflanzt. Du findest sie vor allem in Parks und als Straßenbaum. Von dort hat sie sich aber auch schon in angrenzende Wälder ausgebreitet.

Die Rosskastanie wird bis zu 25 m groß.

Die Rosskastanie blüht von April bis Mai.

Jan | Feb | Mär | Apr | Mai | Jun | Jul | Aug | Sep | Okt | Nov | D

Der Goldregen

Vor diesem Baum solltest du dich in Acht nehmen, denn er gehört zu unseren giftigsten Gehölzen! Er wächst sowohl als großer Strauch als auch als kleiner Baum. Zur Blütezeit erkennst du ihn leicht an seinen langen gelben Blütentrauben, die ihm seinen Namen gaben. Aber auch die Blätter, die aussehen wie ein großes Kleeblatt, sind einfach zu erkennen. Im Herbst hängen ca. 7 cm lange Schoten mit ihren giftigen Samen an den Zweigen.

Wichtig zu wissen!

Das schwere, aber elastische Holz wurde früher für den Bau von Armbrüsten genutzt. Heute ist es vor allem wegen seiner schönen Maserung begehrt und wird für Drechselarbeiten, Schnitzereien und den Musikinstrumentenbau genutzt.

Wegen seiner Blütenpracht wird der Goldregen gern in Gärten und Parks angepflanzt. Ursprünglich stammt er aus dem südlichen Europa. In warmen Gegenden kommt er auch verwildert vor.

Der Goldregen wird bis zu 7 m groß.

Der Goldregen blüht von Mai bis Juni.

n | Feb | Mär | Apr | **Mai** | **Jun** | Jul | Aug | Sep | Okt | Nov | Dez

Die Waldrebe

Die Waldrebe ist ein Kletterstrauch, also eine Liane. Sie klammert sich mit ihren Blättern fest oder windet ihren Stängel linksherum um Äste und Zweige. Die Fiederblätter haben drei oder fünf Teilblättchen. Die weißen Blüten riechen nicht besonders gut. Im Herbst und Winter fallen die weißgrauen wolligen Fruchtstände auf. Die leichten haarigen Samen werden vom Wind verbreitet.

Erstaunlich!

Die zähen Stängel wurden früher auch als einfache Seile zum Binden genommen. Heute werden vor allem die haarigen Fruchtstände als Blumenschmuck genutzt.

Finger weg!

Pass auf, dass du den Pflanzensaft nicht auf die Haut bekommst. Die Haut kann sich entzünden und es entstehen sogar Blasen. Im Mittelalter haben sich die Bettler den Saft auf die Haut gerieben, damit sie besonders mitleiderregend aussahen und mehr gespendet bekamen.

In Auwäldern und auf anderen feuchten, nährstoffreichen Böden findest du die Waldrebe an Waldrändern und in Gebüschen. Dort kann sie an günstigen Stellen ganze Baum- und Strauchgruppen überwuchern.

Die Waldrebe wird 5 bis 15 m groß.

Die Waldrebe blüht von Juni bis September.

Jan | Feb | Mär | Apr | Mai | Jun | Jul | Aug | Sep | Okt | Nov | D

Der Besenginster

Der Besenginster ist ein Rutenstrauch. Seine kleinen, ein- oder dreiteiligen Blättchen fallen bald wieder ab, sodass meist nur die grünen, fünfkantigen Stängel (Ruten) zu sehen sind. Diese sind so stark verzweigt, dass sich daraus prima Besen herstellen lassen. Sind die zusammengedrückten Hülsen reif und trocknen in der Sonne, springen sie explosionsartig auf und schleudern die Samen in die Umgebung.

Schau genau!

Die Blüten können nur von dicken Hummeln bestäubt werden. Setzt sich eine Hummel auf die Blüte, schnellen zuerst die fünf kleinen Staubbeutel empor und schlagen an den Bauch der Hummel. Danach werden der lange Stempel und die vier langen Staubbeutel ausgelöst und schlagen der Hummel von oben auf den Rücken.

Der Besenginster ist eine Pionierpflanze, die auf kalkarmen, sandigen, steinigen oder lehmigen Böden wächst. Er braucht eine hohe Luftfeuchtigkeit und ist recht frostempfindlich, weshalb er hauptsächlich in Westdeutschland vorkommt. Wegen seiner Blütenpracht wird er auch gern in Parks und Gärten angepflanzt

Der Besenginster wird 1 bis 2 m groß.

Der Besenginster blüht von Mai bis Juni.

Feb	Mär	Apr	Mai	Jun	Jul	Aug	Sep	Okt	Nov	Dez

Die Fichte

Die vierkantigen Nadeln sind sehr starr, spitz und wachsen dicht schraubig um den Zweig. Die männlichen und weiblichen Blütenstände befinden sich an den oberen Zweigen. Im Gegensatz zu den Zapfen der Tanne hängen die Zapfen der Fichte nach unten. Die Fichte kann 60 m hoch werden und ist damit unser größter heimischer Baum.

Natürlicherweise kommt die Fichte in Gebirgsregionen oberhalb von 800 m vor. Die Fichte ist leicht anzupflanzen und hat den höchsten Holzertrag. Das hat dazu geführt, dass heutzutage ca. ein Drittel des Walds aus Fichten besteht und sie zum häufigsten Baum in Deutschland geworden ist.

Schau genau!

Schau dir einmal die heruntergefallenen Fichtenzapfen genauer an. Einige von ihnen sind von Tieren angenagt worden. Anhand der Fraßspuren kannst du erkennen, wer den Zapfen bearbeitet hat. Mäuse nagen die Schuppen fein säuberlich ab, um an die Samen heranzukommen. Bei Eichhörnchen stehen noch Fasern ab, und bei Spechten sind die meisten Schuppen noch dran, sehen aber sehr zerhackt aus.

Die Fichte wird bis zu 60 m groß.

Die Fichte blüht von Mai bis Juni.

Jan | Feb | Mär | Apr | Mai | Jun | Jul | Aug | Sep | Okt | Nov

Die Weiß-Tanne

Im Gegensatz zur piksenden Fichte sind die abgeflachten Nadelblätter der Weiß-Tanne weich. Oben sind die Nadeln dunkelgrün, auf der Unterseite haben sie zwei silberne Streifen. Die Zapfen stehen wie Kerzen am Weihnachtsbaum aufrecht am Ast. Ihren Namen hat die Weiß-Tanne von der hellgrauen Rinde.

In den Mittelgebirgen von Süddeutschland und den Alpen ist die Weiß-Tanne ein typischer Baum. Der Schwarzwald verdankt seinem Namen den dunklen Tannenwäldern. Leider ist die Weiß-Tanne sehr empfindlich. So sind durch die Luftverschmutzung große Tannenbestände abgestorben.

Wichtig zu wissen!

Bekannt ist die Weiß-Tanne auch durch den etwas herb schmeckenden Tannenhonig. Den Honig sammeln die Bienen aber nicht von den Blüten, sondern von Blattläusen. Die Blattläuse bohren ihren Rüssel in die Tanne und saugen den Baumsaft. Einen Teil des süßlichen Safts scheiden sie wieder aus – den Honigtau. Dieser wird von den Bienen eingesammelt und zu Honig verarbeitet.

Die Weiß-Tanne wird bis zu 50 m groß.

Die Weiß-Tanne blüht im April.

Feb | Mär | Apr | Mai | Jun | Jul | Aug | Sep | Okt | Nov | Dez

Die Nordmann-Tanne

Die Nadeln der Nordmann-Tanne sind den Nadeln der Weiß-Tanne sehr ähnlich, stehen aber viel dichter und rings um den Zweig herum. Außerdem riechen sie beim Zerreiben leicht fruchtig. Die Blüten und aufrecht stehenden Zapfen befinden sich im Kronenbereich.

Der Weihnachtsbaum wird zum Transport eingenetzt.

Die Nordmann-Tanne wurde erst 1836 im Kaukasus entdeckt. Dort kann sie bis zu 60 m hoch werden. In Deutschland wird die Nordmann-Tanne meist als Parkbaum oder Weihnachtsbaum angepflanzt.

Wichtig zu wissen!

Heutzutage sind die beliebtesten Weihnachtsbäume Nordmann-Tannen. Die Bäume haben den Vorteil, dass die Nadeln an den vertrocknenden Zweigen nicht gleich braun werden und abfallen, sondern noch eine Weile hübsch grün haften bleiben. Außerdem sind sie schön weich und piksen nicht.

Die Nordmann-Tanne wird bis zu 30 m groß.

Die Nordmann-Tanne blüht von April bis Mai.

Jan	Feb	Mär	Apr	Mai	Jun	Jul	Aug	Sep	Okt	Nov

Der Urwelt-Mammutbaum

Den Urwelt-Mammutbaum erkennst du leicht an den flachen und weichen hellgrünen Nadeln. Diese stehen sich in zwei Reihen gegenüber. Im Herbst verfärben sie sich rötlich und fallen zusammen mit den Kurztrieben ab. Die Zapfen sind kugelig oder leicht eiförmig. Am Anfang sind sie noch grün, werden aber braun, wenn sie reifen. Die Rinde ist rotbraun, bei älteren Bäumen mehr graubraun. Sie löst sich in langen Streifen ab.

Erstaunlich!

Erst im Jahr 1941 wurde dieser Baum in einer abgelegenen Region in China entdeckt. Vorher war er nur von ca. 30 Millionen Jahre alten Versteinerungen bekannt. Wie der Ginkgo ist er also ein sogenanntes lebendes Fossil, nur nicht ganz so alt. Mit den Mammutbäumen aus Nordamerika ist er nicht näher verwandt.

Der Baum wuchs ursprünglich nur in einem kleinen Gebiet in China. Er mag feuchtes Klima und ist an Bach- und Flussufern zu finden. Wegen seiner Seltenheit pflanzt man ihn in Parks, Gärten und auf Friedhöfen an.

Der Urwelt-Mammutbaum wird bis zu 35 m groß.

Der Urwelt-Mammutbaum blüht im Mai.

Die Schwarz-Kiefer

Im Vergleich zur Wald-Kiefer sind die Nadeln der Schwarz-Kiefer deutlich länger (8 bis 15 cm) und sehr gerade. Der innere Teil der Zapfenschuppen ist schwarz, das unterscheidet sie von den meisten anderen Kiefernarten. Die Borke ist nicht rötlich wie bei der Wald-Kiefer, sondern dunkelgrau bis schwarzbraun, daher auch ihr Name.

Wichtig zu wissen!

Außer zur Holzgewinnung werden Schwarz-Kiefern auch noch zur Harzgewinnung genutzt. Ein großer Baum liefert etwa 2 kg Harz pro Jahr. Aus dem Harz wird Kolophonium und Terpentin hergestellt. Kolophonium wird zum Beispiel als Bogenharz gebraucht. Damit reibt man die Saiten des Geigenbogens ein.

Die Schwarz-Kiefer kommt ursprünglich aus Südeuropa. In Deutschland wird die Schwarz-Kiefer an trockenen und sandigen Standorten angepflanzt, besonders in Thüringen, Bayern und Baden-Württemberg. Du findest sie aber auch anderswo in Parks und städtischen Grünanlagen.

Die Schwarz-Kiefer wird bis zu 30 m groß.

Die Schwarz-Kiefer blüht von Mai bis Juni.

Jan | Feb | Mär | Apr | **Mai** | **Jun** | Jul | Aug | Sep | Okt | Nov

Die Wald-Kiefer

Bei der Wald-Kiefer sind die Nadeln 4 bis 8 cm lang und stehen immer zu zweit. Sie sind leicht gedreht und im Querschnitt fast halbkreisförmig. Die männlichen Blüten bilden so viele Pollen, dass gelbe Pollenwolken aufsteigen, wenn man den Zweig etwas schüttelt. Die Samen in den Zapfen sind erst nach zwei Jahren reif. Die rötliche Rinde bildet große Platten und Schuppen, die sich leicht ablösen lassen, zum Teil auch in papierdünnen Fetzen.

Wichtig zu wissen!

Nicht nur das Holz der Wald-Kiefer wird genutzt. Aus den Nadeln wird das Kiefernnadelöl gewonnen. Wahrscheinlich hast du es sogar schon benutzt, als du erkältet warst. Es wird nämlich gegen Husten und Schnupfen zum Inhalieren oder in der heißen Badewanne als Erkältungsbad verwendet.

Die Wald-Kiefer ist nicht besonders wählerisch. Sie wächst in nassen Mooren, aber auch auf trockenen Böden. Da ihr Holz sehr beliebt ist, wurde die Wald-Kiefer schon früher auf sandigen Böden in Nord-, Süd- und Ostdeutschland angepflanzt.

Die Wald-Kiefer wird bis zu 40 m groß.

Die Wald-Kiefer blüht von April bis Mai.

Feb | Mär | **Apr** | **Mai** | Jun | Jul | Aug | Sep | Okt | Nov | Dez

Die Zirbel-Kiefer

wird auch Arve oder Zirbe genannt

Bei der Zirbel-Kiefer wachsen die ca. 10 cm langen Nadeln zu fünft zusammen. Die Nadeln sind im Querschnitt dreieckig, relativ steif und haben eine stumpfe Spitze. Der Rand der Nadel ist sehr fein gesägt. Insgesamt stehen die Nadeln sehr dicht. Erst nach 40 oder 50 Jahren tragen Zirbel-Kiefern die ersten Zapfen. Die Zapfen werden bis zu 8 cm lang, 5 cm dick und fallen erst im dritten Jahr reif zu Boden.

Wichtig zu wissen!

Die reifen Zapfen der Zirbel-Kiefer enthalten relativ dicke Samen, die man als Zirbelnüsse essen kann. Neuerdings werden auch Hobelspäne in Kissen gefüllt, sodass man mit dem Duft des Holzes einschlafen kann. Der „Zirbengeist" ist übrigens kein Gespenst, sondern ein Schnaps, den man aus den unreifen Zapfen herstellt.

Die Zirbel-Kiefer findest du nahe der Baumgrenze im Hochgebirge. Sie gehört in den Alpen zu den Bäumen mit der größten Frosthärte. Sie verträgt Temperaturen von −43 °C. Im Tiefland wird sie selten angepflanzt.

Die Zirbel-Kiefer wird bis zu 25 m groß.

Die Zirbel-Kiefer blüht von Mai bis Juni.

Jan | Feb | Mär | Apr | Mai | Jun | Jul | Aug | Sep | Okt | Nov

Die Latschen-Kiefer

wird auch Krummholz-Kiefer genannt

Die etwa 7 cm langen Nadeln stehen zu zweit am Ast. Sie sind dunkelgrün und zäh. Die Zapfen sehen ähnlich aus wie bei der Wald-Kiefer. Am leichtesten erkennst du die Latschen-Kiefer an ihrer niederliegenden, buschigen Gestalt. Die Stämmchen kriechen erst über den Boden und richten sich dann auf.

Erstaunlich!

Aus den Nadeln der Latschen-Kiefer wird das bekannte Latschen-Kiefer-Öl gewonnen. Es ist in vielen Produkten enthalten, die gegen Erkältung, aber auch gegen Muskelverspannungen helfen sollen.

Die Latschen-Kiefer wächst an der Baumgrenze im Hochgebirge oder an Stellen mit viel Geröll. Weil sie so klein ist, übersteht sie im Winter auch Lawinen. Sie wird aber auch gern als Ziergehölz in normale Gärten oder in Steingärten gepflanzt.

Die Latschen-Kiefer wird bis zu 3 m groß.

Die Latschen-Kiefer blüht von Mai bis Juni.

Feb	Mär	Apr	Mai	Jun	Jul	Aug	Sep	Okt	Nov	Dez

Die Europäische Lärche

Als einziger europäischer Nadelbaum wirft die Lärche ihre Nadeln im Herbst ab. Die hellgrünen, weichen Nadeln wachsen in kleinen Büscheln am Zweig. Die rötlichen weiblichen Blütenstände stehen nach oben, ebenso die kleinen Zapfen. Die Zapfen fallen erst nach mehreren Jahren mit den Zweigen vom Baum ab.

Eigentlich ist die Lärche eine Hochgebirgsart, die dort prima mit den eisigen Temperaturen und der Hitze klarkommt. Wegen ihrer schönen Herbstfärbung und des widerstandsfähigen Holzes Holz ist sie aber in vielen Wäldern, Parks und Gärten angepflanzt worden.

Wichtig zu wissen!

Das Holz der Lärche ist sehr wertvoll. Da es gegen Nässe, Pilz- und Schimmelbefall recht unempfindlich ist, wird es gern für Erd- und Wasserarbeiten genutzt. Die meisten unbehandelten Holzverkleidungen, Dachschindeln oder Holzterrassen an Häusern sind aus Lärchenholz gemacht. Mit der Zeit bekommt es einen leicht grauen Überzug.

Die Europäische Lärche wird bis zu 40 m groß.

Die Europäische Lärche blüht von März bis April.

Jan | Feb | Mär | Apr | Mai | Jun | Jul | Aug | Sep | Okt | Nov

Die Douglasie

Die Nadeln der Douglasie sind nur ca. 3,5 cm lang, weich, flach und biegsam. Sie piksen nicht, weil sie eine stumpfe Spitze haben. Wenn du die Nadeln zerreibst, riechen sie nach Orange. Die Zapfen werden bis zu 10 cm lang und hängen nach unten. Erst wenn die Samen verstreut wurden, fallen die Zapfen herunter.

Erstaunlich!

Die größte Douglasie wurde 133 m groß und zählt damit zu den höchsten Bäumen, die jemals gemessen wurden. In Deutschland hält eine 90-jährige Douglasie mit ca. 64 m den aktuellen Höhenrekord. Das Holz der Douglasie ist sehr robust und wird für vielfältige Dinge eingesetzt: als Bauholz, für Möbel, Dielen, Parkett oder Türen.

Schuppen mit dreizipfligen Fortsätzen

Die Douglasie stammt aus dem Nordwesten Nordamerikas, wo sie in den küstennahen Bergen vorkommt. Da sie ausgesprochen schnell wächst, wurde sie als Forstbaum auch in deutschen Wäldern angepflanzt. Sonst findest du sie als Ziergehölz in Parks.

Die Douglasie wird bis zu 50 m groß.

Die Douglasie blüht von April bis Mai.

Feb | Mär | Apr | Mai | Jun | Jul | Aug | Sep | Okt | Nov | Dez

Der Wacholder

Die säulenartige Wuchsform kennzeichnet den Wacholder. Jeweils drei sehr spitze, stechende Nadeln sitzen quirlartig am Zweig. Ein grauweißes Band verläuft in der Mitte der Nadel. Die kleinen männlichen Blütenstände sind recht unauffällig. Aus den weiblichen Blüten entwickeln sich im Herbst Zapfen.

Wichtig zu wissen!

Die unreifen Beeren und auch die Nadeln des Wacholders sind giftig. Die reifen Beeren solltest du ebenfalls nicht roh essen. In geringen Mengen wird Wacholder jedoch bei uns in der Küche zum Würzen verwendet, zum Beispiel im Sauerkraut oder in Fleischgerichten.

Der Wacholder ist häufig anzutreffen. Die schönsten Sträucher findet man auf ehemaligen Schafweiden, zum Beispiel in der Lüneburger Heide oder auf der Schwäbischen Alb. Die piksigen Wacholdernadeln werden nämlich nicht von Schafen und Ziegen gefressen und können sich so prima entwickeln.

Der Wacholder wird bis zu 10 m groß.

Der Wacholder blüht von April bis Mai.

Jan | Feb | Mär | Apr | Mai | Jun | Jul | Aug | Sep | Okt | Nov

Der Abendländische Lebensbaum

wird auch Thuja genannt

Die stumpfen Blätter sind flach und schuppenförmig. Im Gegensatz zur mattgrünen Blattoberseite ist die Unterseite deutlich heller. Zerreibst du die Schuppenblätter zwischen deinen Fingern, riechen sie leicht nach Apfel und Nelke. Die männlichen und weiblichen Blüten sind sehr unauffällig. Im Herbst reifen die vielen kleinen schuppenförmigen Zapfen.

Schau genau!

Die Thuja ist zu einer beliebten Heckenpflanze geworden, da sie sich gut beschneiden lässt. Leider ist die Thuja für die heimische Tierwelt sehr unattraktiv. Alle Pflanzenteile sind giftig! So findest du nur sehr wenige Tiere, die in der Nähe einer Thuja leben. Für einen naturnahen Garten sind heimische Sträucher und Bäume viel besser, zum Beispiel Eibe, Schlehe, Kornel-Kirsche oder Hainbuche. Hier finden viele Tiere etwas zu fressen und lassen sich gut beobachten.

Der Abendländische Lebensbaum stammt aus Nordamerika und wurde schon im 16. Jahrhundert nach Europa gebracht. Hier wird er oft in Parks, Gärten und auf Friedhöfen angepflanzt.

Der Abendländische Lebensbaum wird bis zu 20 m groß.

Der Abendländische Lebensbaum blüht von April bis Mai.

Jan | Feb | Mär | **Apr** | **Mai** | Jun | Jul | Aug | Sep | Okt | Nov | Dez

Die Eibe

Die Nadeln der Eibe sind ledrig weich und stechen nicht. Die Oberseite ist dunkelgrün, die Unterseite hat zwei breite helle Streifen. Es gibt männliche und weibliche Bäume, die weiblichen Bäume erkennst du im Herbst leicht an den leuchtend roten Früchten. Deren Kern ist von einem roten Samenmantel umgeben. Vorsicht: Alle Teile der Eibe sind sehr giftig! Lediglich der rote Samenmantel ist ungiftig und wird von Vögeln gern gefressen.

Wichtig zu wissen!

Früher gab es viele Eibenwälder, aber das harte und elastische Holz war im Mittelalter sehr begehrt. Aus dem Holz wurden vor allem Waffen gemacht wie Speere, Bögen und Armbrüste. So wurden die Eibenbestände sehr stark reduziert.

Die Eibe ist zwar in Europa weitverbreitet, aber in den Wäldern nur selten zu finden. Häufiger findest du sie in Gärten und Parks, wo sie auch häufig als Hecke gepflanzt wird. Eiben können sehr alt werden. Die älteste deutsche Eibe wird auf ca. 2 000 Jahre geschätzt.

Die Eibe wird bis zu 20 m groß.

Die Eibe blüht von Februar bis April.

Jan | Feb | Mär | Apr | Mai | Jun | Jul | Aug | Sep | Okt | Nov | D

Der Riesen-Mammutbaum

wird auch Wellingtonie genannt

Die mächtigste Baumart der Erde hat kurze, spitz zulaufende Nadeln, die dicht am Zweig anliegen. Dadurch haben sie ein schuppenförmiges Aussehen und werden auch „Schuppenblätter" genannt. Die Zapfen werden ca. 7 cm lang, 4 cm breit und sehen etwas tonnenförmig aus. Charakteristisch ist die rötliche Rinde, weshalb der Mammutbaum in Amerika auch „Redwood" (= Rotholz) genannt wird.

In seiner Heimat in Nordamerika wächst er nur an bestimmten Stellen an der Westküste. Bei uns wird er häufig in Parks oder Arboreten (Sammlung verschiedenster Baum- und Straucharten) angepflanzt, für Gärten wird er viel zu groß.

Erstaunlich!

Der Riesen-Mammutbaum gehört zu den Rekordhaltern unter den Bäumen: Der höchste jemals gemessene Mammutbaum soll 135 m hoch gewesen sein; sein Stammdurchmesser lag bei ca. 12 m! Es gibt keine andere Baumart, die ein so großes Volumen und Gewicht hat. Die Rinde des Mammutbaums ist ca. 50 cm dick, damit kann er so manchen Waldbrand überstehen und 2 500 Jahre oder sogar noch älter werden.

Der Riesen-Mammutbaum kann über 85 m groß werden.

Der Riesen-Mammutbaum blüht von März bis April.

Feb	Mär	Apr	Mai	Jun	Jul	Aug	Sep	Okt	Nov	Dez

So wirst du zum Baum-Experten

Damit du dir die Bäume und Sträucher und ihre Besonderheiten gut merken kannst, solltest du dir eine **Blattsammlung** anlegen. Dafür suchst du von jedem Baum, den du bestimmt hast, ein **typisches Blatt** und presst es zwischen Zeitungspapier in einem dicken Buch. Nach einer Woche ist das Blatt getrocknet. Dann kannst du es auf ein weißes Blatt Papier aufkleben und in einem Ordner sammeln. Daneben schreibst du den Namen der Pflanze, den Ort und das Datum, an dem du es gesammelt hast.

Sammle ruhig mehrere Blätter aus verschiedenen Jahreszeiten, denn Blätter verändern sich im Lauf des Jahres. Manche haben zum Beispiel im Frühling noch viele kleine Härchen, die sie während des Sommers verlieren.

Natürlich kannst du auch **Blüten und Früchte** sammeln, trocknen und aufkleben, aber Vorsicht bei den giftigen Arten! Bei dicken Blüten und Früchten ist es einfacher, ein Foto davon zu machen und es aufzukleben. So kannst du Stück für Stück deine eigene Blättersammlung vervollständigen und hast am Ende ein ganz persönliches Baum-Album!

Erstaunlich!

Die Welwitschia hat nur zwei Blätter, die aber häufig zerschlitzt sind. Sie lebt in der Wüste Namibias. Die Blätter wachsen ständig weiter, sie sterben nur an der Spitze nach einigen Jahren ab.

Erstaunlich!

Als die dicksten Bäume gelten die afrikanischen Affenbrotbäume, die einen Durchmesser von über 10 m erreichen können!

Willst du wissen, wie hoch der Baum ist, vor dem du gerade stehst? Das kannst du ohne komplizierte Geräte herausfinden, du brauchst nur einen kurzen Stock und einen Freund. Dein Freund stellt sich neben den Baumstamm. Du gehst nun ein paar Meter zurück, bis du die Baumspitze siehst. Jetzt hältst du den Stock mit ausgestrecktem Arm senkrecht vor dich hin, sodass die Enden des Stocks vom Fuß des Stamms bis zur Spitze des Baums reichen. Eventuell musst du den Stock noch kürzen oder deinen Abstand so verändern, dass es passt. Jetzt kippst du den Stock um 90 Grad zur Seite. Nun läuft dein Freund vom Baum zum Stockende. Wenn ihr wisst, wie groß die Schrittlänge von deinem Freund ist, könnt ihr jetzt die **Höhe des Baums** bestimmen. Das ist nämlich der Abstand vom Baum bis zum Stockende.

Mach mit!

Stell dich im Wald zu einer Gruppe von Bäumen. Jetzt lass dir die Augen verbinden, dich ein paar Mal im Kreis drehen und zu einem Baum führen. Diesen Baum ertastest du mit deinen Händen: Wie fühlt sich seine Borke an, hat er Beulen und wie dick ist der Stamm? Dann wirst du wieder mit vielen Drehungen und Zickzacklaufen zu deinem Ausgangspunkt zurückgeführt. Mit offenen Augen musst du jetzt herausfinden, welchen Baum du abgetastet hast. Gar nicht so leicht, oder?

Wie ein Baum entsteht

Du hast dich sicher schon mal gefragt, wie aus einem kleinen Samen ein mächtiger Baum wird.

Alles fängt im **Herbst** an, wenn die reifen Früchte mit ihren Samen zu Boden fallen. Um keimen zu können, brauchen die vielen Samen den Kältereiz aus dem **Winter**. So wird verhindert, dass sie in der empfindlichen Phase des Keimens erfrieren. Denn erst wenn es im Frühling wieder warm wird, „wissen" die Samen, dass sie einen Sommer lang Zeit zum Wachsen haben.

Das hat die Natur ganz geschickt eingerichtet, findest du nicht auch? Doch bis in den Frühling überleben die meisten Samen gar nicht, vorher werden sie von Wildschweinen, Rehen, Eichhörnchen, Mäusen oder Vögeln gefressen, oder sie fallen auf Böden, auf denen es zu steinig oder zu trocken zum Wachsen ist. Trotzdem ist im **Frühling** der Waldboden an vielen Stellen übersät mit keimenden Bäumen. Und jetzt beginnt der Kampf ums Licht: Nur wer schnell genug wächst oder mit dem wenigen Licht zurechtkommt, kann weiterwachsen.

Erstaunlich!

Eichhörnchen und Eichelhäher werden auch „Gärtner des Walds" genannt. Im Herbst sammeln sie nämlich viele Samen und vergraben sie als Wintervorrat im Boden. Doch sie finden nicht alle wieder. Diese „vergessenen" Samen haben in der lockeren Erde dann oft sehr gute Startbedingungen.

Eichhörnchen **Eichelhäher**

Die nächsten 10 bis 15 Jahre besteht für den noch jungen Baum die Gefahr, von Rehen, Hirschen oder Mäusen angenagt und beschädigt zu werden. Erst ab einer gewissen Größe macht den Bäumen das nicht mehr so viel aus. Das Wichtigste, was die Bäume weiterhin brauchen, ist **Licht**. Solange ein dichtes Blätterdach den Waldboden beschattet, wachsen die jungen Bäume nur langsam. Doch sobald ein alter Baum abstirbt oder gefällt wird und das Licht wieder bis zu den jungen Bäumen vordringt, geht das „Um-die-Wette-wachsen" wieder los, bis das Kronendach erneut geschlossen ist.

Auf den Waldboden dringt durch das Blätterdach wenig Licht.

Wichtig zu wissen!

In einem natürlichen Wald entscheidet die Natur, welcher Baum sich durchsetzt. In einem Forst lässt der Förster die Bäume stehen, die besonders gerade wachsen, die wenigsten Äste haben und sich hoffentlich später gut verkaufen lassen. Die anderen Jungbäume werden nach und nach gefällt.

Kastanie

Eichel

Mach mit!

Wenn du im Herbst Eicheln oder Kastanien in einen Blumentopf pflanzt, kannst du im Frühling zuschauen, wie ein Baum entsteht. Die junge Pflanze kannst du dann in den Wald setzen, aus dem du den Samen hattest, und ihr Wachstum weiter beobachten. Das ist dann „dein Baum"!

Ab durch die Luft

Wenn es im Frühling eine längere Trockenzeit gibt, findest du überall eine **gelbe Staubschicht**, zum Beispiel auf Autos, Fensterbänken, Teichen oder Pfützen. Das sind fast alles die **Blütenpollen** von Bäumen.

Blüte der Hänge-Birke

Wichtig zu wissen!

Dank der Pollen wissen die sogenannten Pollenkundler, was für Bäume in den letzten 15 000 Jahren in Mitteleuropa standen. Denn Pollen sind ziemlich robust und können in den Ablagerungen von Seen und Mooren überdauern und dort von den Wissenschaftlern aufgespürt werden. So konnten die Pollenkundler feststellen, dass nach der letzten Eiszeit zuerst Birken, Kiefern und Weiden, später Haseln und Eichen die häufigsten Bäume waren. Heute sind es die Buchen.

Blüte der Hainbuche

Weißt du eigentlich, wie die Blüten von Birke, Buche oder Eiche aussehen? Wahrscheinlich nicht, denn sie blühen ziemlich unauffällig. Mach dich doch mal auf die Suche nach ihnen! Sie brauchen keine bunten Blüten, um Insekten anzulocken, denn die Pollen werden mit dem **Wind** verbreitet. Damit ein Pollenkorn zufällig auf der Narbe einer weiblichen Blüte landet, müssen Unmengen Pollen produziert werden. Doch nicht nur die Pollen werden durch die Luft verbreitet. Im Herbst nutzen auch viele Samen den Weg durch die Luft, um neue Gebiete zu besiedeln.

Blüte der Stiel-Eiche

Erstaunlich!

Eine einzige Eichenblüte entlässt ca. 40 000 Pollenkörner, bei einer Tanne sind es sogar 200 000! Leider finden eine ganze Menge Pollen auch den Weg in unsere Nasen und Augen. Dort lösen sie bei vielen Menschen Heuschnupfen aus, mit tränenden Augen und ständigem Niesen.

Die kleinsten Samen haben die Weiden und Pappeln. Mithilfe eines Haarkranzes schweben sie weite Strecken durch die Luft. Auch Birkensamen trägt der Wind über große Entfernungen, dafür haben sie zwei kleine Flügel. Hast du sie schon mal gesehen?

Spitz-Ahorn

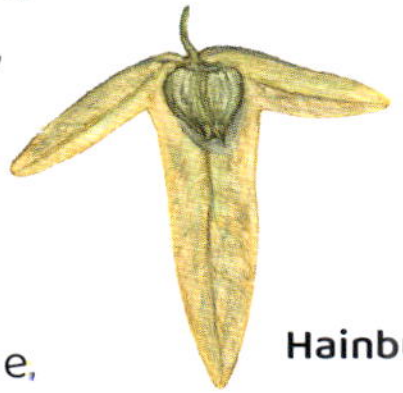

Hainbuche

Hänge-Birke

Die geflügelten Samen von Ulme, Hainbuche und Ahorn sind deutlich schwerer und fliegen nicht so weit. Sie trudeln mit kreiselnden Bewegungen wie ein Hubschrauber langsam zu Boden. Mithilfe eines Tragblatts fliegt der Lindensamen in ähnlicher Weise. Probier doch mal aus, wie unterschiedlich die Samen fliegen, indem du sie zum Beispiel aus dem Fenster wirfst und ihnen beim Flug zuschaust.

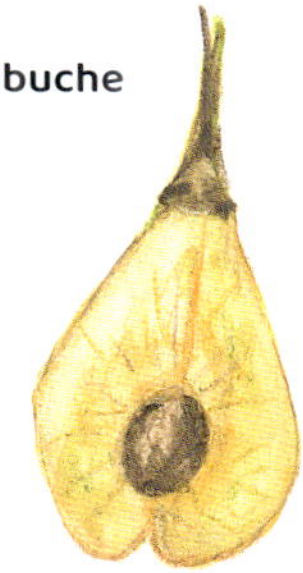

Feld-Ulme

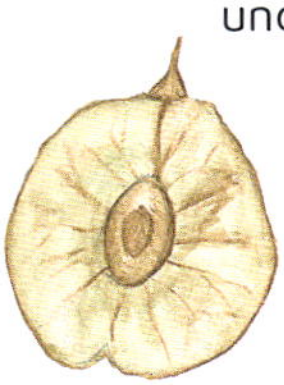

Berg-Ulme

Erstaunlich!

Kastanien, Eicheln und Bucheckern sind zu schwer, um vom Wind verbreitet zu werden. Sie sind auf die Hilfe von Tieren angewiesen, die sie als Wintervorrat verstecken und dann vergessen. Größere Entfernungen können die Samen von Äpfeln, Ebereschen, Eiben und Holundern zurücklegen: Sie sind in leckeren Früchten verborgen, werden von Tieren gefressen, aber später unverdaut wieder ausgeschieden. Wenn sie auf fruchtbarem Boden landen, haben sie die besten Chancen, ein großer Baum zu werden.

Was braucht ein Baum zum Leben?

Wie fast jede Pflanze braucht ein Baum **Luft**, **Licht**, **Wasser** und **Nährstoffe**, um wachsen zu können. Er arbeitet wie eine kleine Fabrik mit Kraftwerk, Versorgungsleitungen, Produkten und Abfällen. Die **Energie** bekommt der Baum von seinen vielen grünen Solarzellen, den Blättern. Hier sitzt das **Blattgrün**. Es fängt einen Teil der **Sonnenenergie** ein und wandelt sie mithilfe des **Kohlendioxids** aus der Luft in **Traubenzucker** um. Als Nebenprodukt entsteht dabei **Sauerstoff**, der Stoff, den wir zum Atmen brauchen. Dieser Vorgang heißt **Fotosynthese**. Das ist der wichtigste Ablauf auf unserer Erde, ohne den es kein Leben geben würde, wie wir es heute kennen. Mit dem Traubenzucker kann der Baum jetzt Holz, neue Blätter, Blüten und Früchte herstellen oder ihn als Reserve speichern. Vereinfacht kann man sich die Fotosynthese so vorstellen:

Erstaunlich!

Eine große ausgewachsene Buche hat etwa 600 000 Blätter. An einem sonnigen Tag verbraucht der Baum 400 l Wasser – also etwa 2,5 volle Badewannen. Er bildet damit 12 kg Zucker – das sind 4 000 Stücke Würfelzucker – sowie Sauerstoff für uns Menschen.

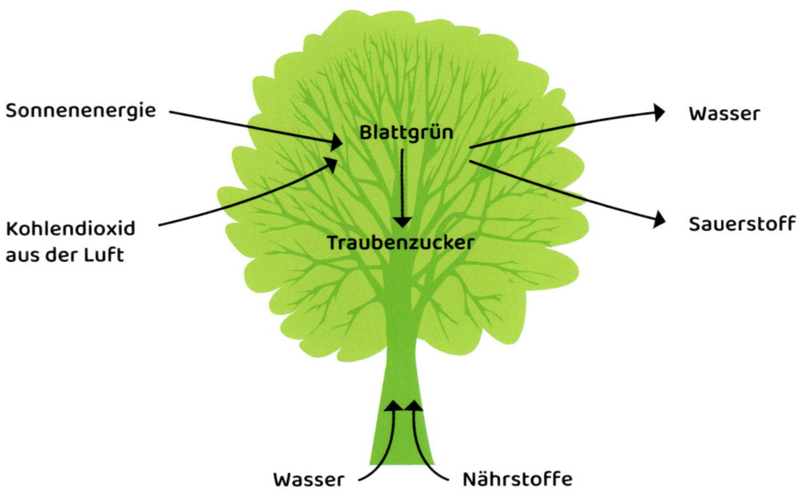

Für das Wasser und die Nährstoffe hat der Baum zwei verschiedene **Leitungssysteme**. In dem einen werden das Wasser und die darin gelösten Salze transportiert. Das andere Leitungssystem befördert den Zucker an die benötigten Stellen. Aber wie kommt das Wasser in die Blattspitzen? Über winzige Öffnungen in den Blättern verdunstet der Baum Wasser. Er schwitzt also und gibt Wasser ab. Dadurch entsteht in den Leitungsbahnen ein **Sog**, der dafür sorgt, dass aus den Wurzeln Wasser nachgezogen wird. Bei ca. 130 m Höhe ist allerdings Schluss. Dann wird der Wasserfaden in den Leitungsbahnen so schwer, dass er abreißt. Die größten je gemessenen Bäume sind etwa 135 m hoch. Der höchste Baum der Erde ist heute ein Küstenmammutbaum in Kalifornien mit ca. 115 m. Der höchste Baum in Deutschland steht in Freiburg und ist eine etwa 63 m große Douglasie.

Wichtig zu wissen!

Eine Stiel-Eiche braucht ca. 60 Jahre, bis sie die ersten Früchte bildet, dafür kann sie aber auch bis zu 1 000 Jahre alt werden. Auch die Buche braucht mindestens 30 Jahre für die ersten Bucheckern. Erst nach ca. 200 bis 300 Jahren ist sie voll ausgewachsen.

Rot-Buche

Stiel-Eiche

Mach mit!

Im Winter waren die Nährstoffe in den Wurzeln und im Stamm gespeichert. Im Frühling schickt der Baum sie in die Zweige, um neue Blätter zu bilden. Damit du das schlürfende Geräusch hören kannst, brauchst du ein (Spielzeug-) Stethoskop. Probier es an einem sonnigen und warmen Frühlingstag an Bäumen mit dünner Rinde wie Kirsche, Birke oder Ahorn aus. Da klappt es am besten.

Schicht für Schicht

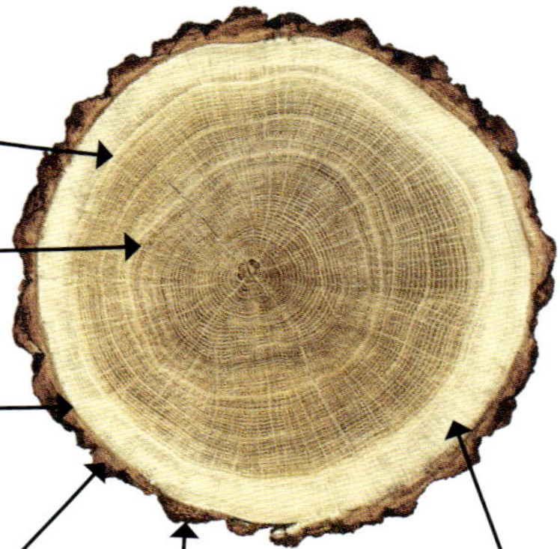

Ein **Querschnitt** durch einen Baumstamm zeigt dir, wie ein Baum aufgebaut ist. Ganz innen ist das tote **Kernholz**. Bei einigen Bäumen, wie der Buche, hat es eine andere Farbe. Danach kommt das noch lebende **Splintholz**. Hier verläuft der Wassertransport durch den Baum und hier kann Zucker gespeichert werden. Dann kommt die wichtigste Schicht, die Wachstumsschicht des Baums: das **Kambium**. Nach innen bildet es neues Splintholz, wodurch der Baum immer dicker wird. Das kannst du auch an den **Jahresringen** sehen. Nach außen bildet es neuen Bast, die nächste Schicht des Baums. Im **Bast** verläuft die Leitungsbahn, die den in den Blättern gebildeten Zucker transportiert. Als letzte Schicht kommt die **Borke**. Sie entsteht durch die abgestorbenen Teile der Bastschicht. Die Borke ist sehr wichtig, weil sie den Baum vor Sonne, Regen, Wind, Hagel, Feuer, Käfern und Pilzen schützt. Der Bast und die Borke werden bei Bäumen als die eigentliche **Rinde** zusammengefasst.

Wichtig zu wissen!

Wird die Rinde verletzt, ist das gar nicht gut für den Baum, denn dann können Bakterien und Pilze in den Baum eindringen. Deshalb mögen es Förster gar nicht, wenn Rehe, Hirsche oder Hasen im Winter an der Baumrinde herumknabbern.

Bissspuren von einem Rothirsch

Winterpause

herbstliches Farbenmeer

Werden im Herbst die Tage kürzer und die Nächte kälter, muss sich der Baum auf den Winter vorbereiten. Im Winter ist das größte Problem für den Baum das **Wasser**, wusstest du das? Ist der Boden gefroren, kann der Baum kein Wasser mehr aufnehmen. Also muss er dafür sorgen, dass er kein Wasser mehr verbraucht. Dafür muss der **Laubbaum** die Blätter loswerden, weil hier das meiste Wasser verdunstet. Bevor er sie abwirft, werden alle wichtigen Nährstoffe aus den Blättern entzogen und in Wurzeln und Stamm gespeichert. Dabei wird in den Blättern auch das Blattgrün abgebaut. Zum Vorschein kommen jetzt die anderen Farbpigmente, die ebenso wie das Grün in den Blättern enthalten sind, und tauchen den Wald in ein Farbenmeer aus **Braun-**, **Gelb-** und **Rottönen**.

Die **immergrünen Sträucher** und **Nadelbäume** behalten dagegen ihre Blätter. Sie sind auf **Wassersparen** eingestellt. Die Blätter und Nadeln sind zäh, ledrig und haben meist eine dicke Wachsschicht auf der Oberfläche. Ihre Spaltöffnungen auf den Blättern können diese Pflanzen bei Frost und Trockenheit schließen. So verdunstet nur sehr wenig Wasser.

Tanne im Winter

Mach mit!

Gerade im Herbst, wenn es viele Früchte und Blätter gibt, kannst du daraus schöne Muster und Bilder legen. Natürlich auch mit Ästen, Steinen und allen anderen Dingen, die du findest. Ein auf den Waldweg gelegtes, schönes großes Waldmandala erfreut auch die nächsten Spaziergänger.

Der Wald

Mach mit

Wie der Wald die Temperaturen beeinflusst, kannst du leicht selbst feststellen, indem du im Sommer die Temperaturen in der Stadt, auf dem offenen Feld und im Wald misst. In der Stadt ist es am wärmsten, im Wald am kühlsten. Was für Temperaturschwankungen kannst du beobachten?

Ein Wald hat viele wichtige Funktionen für uns und unsere Natur. Aber weißt du auch, welche? Der Wald ist zum Beispiel ein hervorragender **Wasserspeicher**. Moose, Pilze und all die Hohlräume zwischen den Wurzeln saugen den Regen auf wie ein Schwamm und geben ihn dann langsam an das Grundwasser ab. Damit verhindert er so manche Überschwemmung. Fass doch mal nasses Moos an, wie fühlt sich das an? In den Bergen ist der Wald der wichtigste **Schutz gegen Lawinen**. Deshalb werden die Bergwälder oberhalb von Siedlungen besonders gut geschützt. Ohne Wald wäre es bei uns auch viel wärmer. Dank des Walds kommt es auch zu einem **Luftaustausch**. Während über der Stadt die warme Luft nach oben steigt, zieht am Boden die kalte Luft aus dem Wald zur Stadt und verhindert, dass es noch heißer und stickiger wird.

Waldboden

Zu guter Letzt ist der Wald ein riesiger **Filter**. Im Frühling ist er zwar wegen der Pollen ein großer Staubproduzent, aber in der restlichen Zeit filtern die vielen Blätter ungeheure Mengen Staub aus der Luft. Und der Wald filtert nicht nur Staub, sondern auch Geräusche. Schon nach wenigen hundert Metern hörst du von einer Straße keinen Ton mehr.

Laubwald

Spiel und Spaß!

Auf Bäume zu klettern macht ziemlich viel Spaß, ist aber auch nicht ganz ungefährlich. Gefahrloser geht es in die Baumwipfel in einem Waldklettergarten. Gut gesichert kannst du dich sportlich austoben und schauen, wie es weiter oben in den Bäumen aussieht. Es gibt auch **Baumwipfelpfade**. Dort läufst du bequem auf einem Steg durch die höchsten Baumkronen. Ein tolles Erlebnis!

Baumwipfelpfad

Mach mit!

Hast du schon mal Waldmemo gespielt? Das geht so: Der Spielleiter sucht sich ca. 10 bis 15 Gegenstände (Früchte, Blätter, Rindenstücke, Schneckenhäuser ...), die er im Wald findet. Diese legt er auf den Waldboden und deckt sie mit einem Tuch ab. Jetzt lässt er euch 20 bis 30 Sekunden die Gegenstände betrachten, bevor er das Tuch wieder darüberlegt. Wer innerhalb einer festgelegten Zeit die meisten der gesehenen Gegenstände im Wald wiederfindet, hat gewonnen.

Mach mit!

Bäume haben ganz unterschiedliche Borken. Wie verschieden sie sind, kannst du feststellen, wenn du Borkenabdrücke machst. Du hältst ein weißes Blatt Papier an den Stamm und rubbelst mit einem weichen und breiten Stift vorsichtig darüber. So überträgt sich das Muster der Borke auf das Blatt.

Komische Gebilde

Maserkropf an einer Linde

Wenn du dir Linden, Birken, Pappeln, Erlen, Ahorn- oder Kirschbäume genau anschaust, wirst du sicher bald einen Baum finden, der am Stamm einen dicken Knubbel oder eine große Beule hat. Die Auswüchse werden **Maserkröpfe** genannt oder auch als **Holzkrebs** bezeichnet. Sie werden oft durch eine Infektion hervorgerufen, die den Baum dazu veranlasst, solche Wucherungen auszubilden. Sind die Beulen an den Bäumen besonders groß, kann der Baum daran sogar sterben. Tischler und Drechsler freuen sich dagegen über solches Holz, denn es ist besonders hart und hat eine tolle Maserung.

Eichengalle am Blatt

Mach mit!

Sammle im Oktober oder November ein paar Blätter mit unterschiedlichen Gallen. Leg sie in verschiedene Gläser und verschließ diese mit einem feinen Stoff (Gaze). Halte sie leicht feucht, ohne dass sie schimmeln! Wenn du Glück hast, schlüpfen ihre Bewohner. Nicht vergessen: Lass die Tierchen dort frei, wo du die Gallen gesammelt hast.

Gallwespe

Auch an Blättern findest du häufig komische Knubbel, Kugeln oder andere Gebilde. Diese Auswüchse werden **Pflanzengallen** genannt. Sie werden von Insekten, Milben, Pilzen oder Bakterien ausgelöst, die das Blatt dazu veranlassen, solche Gallen wachsen zu lassen. Die meisten Gallen entstehen durch Insekten und Milben, die von den Tieren oder ihrem Nachwuchs bewohnt werden.

Erstaunlich!

Das leichteste Holz stammt vom Balsabaum aus Südamerika. Es ist fast so leicht wie Styropor und wird gern für Modellbauten verwendet. Zu den schwersten und härtesten Hölzern gehören die Guajak-Bäume aus Mittelamerika. Sie sind so schwer, dass sie im Wasser untergehen.

Für eine andere seltsame Wuchsform sind Pilze verantwortlich. Sind diese Pilze in das Holz eingedrungen, regen sie den Baum dazu an, an dieser Stelle immer neue Zweige zu bilden. Bald entsteht ein dichtes, buschiges Zweignest. Hast du so was schon mal gesehen? Da es an einen **Hexenbesen** erinnert, wird es auch so genannt.

Nicht immer ist ein buschiges Zweignest ein Hexenbesen. Wenn du genau hinschaust, erkennst du nämlich, dass viele dieser Büschel auch im Winter grün sind. Dann hast du eine **Mistel** entdeckt. Misteln sind aber keine Wucherungen, die vom Baum gebildet werden, sondern Pflanzen, die oben in den Bäumen wachsen. In Deutschland ist es eher ungewöhnlich, dass Pflanzen auf Bäumen wachsen. Bei uns ist es dafür eigentlich zu trocken. Häufig kommt das aber in den Tropen vor, denn dort ist es feucht genug.

Misteln

Wichtig zu wissen!

Um oben auf den Bäumen wachsen zu können, wendet die Mistel einen Trick an: Sie bohrt ihre Wurzeln in das Holz des Baums und zapft dessen Leitungsbahnen an. Von dort bekommt sie ihr Wasser und die Mineralsalze. Da sie Blattgrün hat, produziert sie ihre Energie selbst. Sie wird deshalb Halbschmarotzer genannt.

Wald in Gefahr!

Kupferstecher, Buchdrucker oder Großer Waldgärtner – das sind keine Berufe von heute, es sind Namen von **Borkenkäfern**. Ihre Larven leben in der Rinde und fressen sich durch die lebenswichtige Bastschicht des Baums. Ist der Baum davon stark befallen, stirbt er ab. Besteht ein Wald fast nur aus einer Baumart (Monokultur), zum Beispiel aus Fichten, dann kann der ganze Wald zerstört werden.

Mach mit!

Wenn du an abgestorbenen Bäumen die Rinde löst, kannst du die Fraßgänge der Buchdruckerlarven gut sehen. Sie hinterlassen charakteristische Muster, an denen du die Art bestimmen kannst.

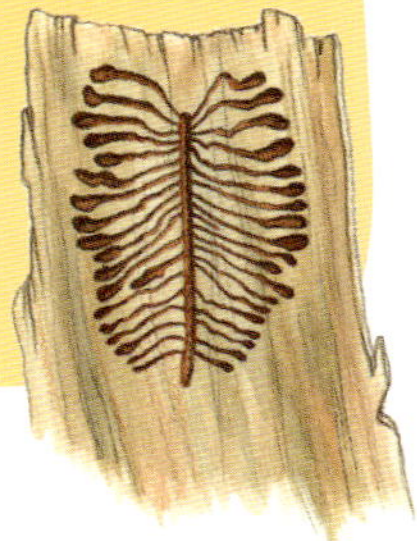

Borkenkäfer

Eichenprozessionsspinner

Erstaunlich!

In Schweden hat man vor Kurzem eine Fichte entdeckt, die auf 9950 Jahre geschätzt wird. Vorher hielt eine Grannenkiefer in den USA mit 4800 Jahren den Altersrekord.

Erstaunlich!

Die Wurzeln australischer Eukalyptusbäume hat man noch in einer Tiefe von ca. 220 m gefunden!

Ähnliches kann passieren, wenn Raupen wie zum Beispiel der Eichenprozessionsspinner in Massen auftreten. Sie können den Bäumen ganz schön zu schaffen machen und ein Waldgebiet richtig kahl fressen, wenn es nur aus Eichen besteht. Zum Glück können die meisten Bäume nach dem großen Fressen noch mal neue Blätter austreiben. Oft werden solche befallenen Waldgebiete sogar abgesperrt, denn die giftigen Brennhaare der Raupen fliegen durch die Luft und reizen unsere Haut sehr stark.

Schwefelporling

Schau genau!

Häufig findest du am Baumstamm sogenannte Baumpilze. Was du siehst, ist jedoch nur der Fruchtkörper. Der Pilz besteht aber größtenteils aus einer Art feinem Fadengeflecht, das den Baumstamm durchzieht. Der Pilz ernährt sich von dem Baum und zersetzt ihn dabei langsam. In einen gesunden Baum, mit intakter Rinde, können Baumpilze nicht eindringen.

Durch den Klimawandel kommen auf den Wald in den nächsten Jahrzehnten viele Herausforderungen zu. Die Vorhersagen kündigen einen deutlichen Anstieg von extremen Wetterlagen an, wie lange Trockenphasen, stärkere Stürme, Überflutungen und Hagel. Neben den sichtbaren Schäden durch das Wetter werden die Wälder auch durch den Klimawandel geschwächt und sind somit anfälliger für Schädlinge wie Insekten, Pilze und Bakterien. Da Wälder sehr langsam wachsen, können sie sich auf diese Veränderungen nicht schnell genug einstellen. Förster und Waldbesitzer müssen nun überlegen, welche Bäume sie neu pflanzen können, die dem Klimawandel standhalten. Eine andere Möglichkeit ist es, den Wald natürlich wachsen zu lassen, in der Hoffnung, dass sich einige Arten trotz Klimawandel durchsetzen.

Schnelle Suche mit Stichwörtern

256 Seiten, ca. €/D 14,–
ISBN 978-3-440-17243-8

ENTDECKEN. Erkennen. Erleben.

Welches Tier schleicht da durch den Garten? Und welcher Baum hat solche gezackten Blätter? Dieser Naturführer für Kinder ist ein schlauer Begleiter auf allen Expeditionen durch die Natur. Mit 250 Tier- und Pflanzenarten und 70 Tierstimmen in der KOSMOS-PLUS-App.

KOSMOS PLUS

ISBN 978-3-440-17242-1

ISBN 978-3-440-17245-2

ISBN 978-3-440-17244-5

ISBN 978-3-440-17430-2

ISBN 978-3-440-17429-6

ISBN 978-3-440-17647-4

Und noch mehr auf kosmos.de/kindernaturfuehrer entdecken!

© NABU/E. Neuling

Blätter mit gelapptem Rand

Feld-Ahorn
56

Eingriffeliger Weißdorn
57

Elsbeere
58

Tulpenbaum
59

Stiel-Eiche
60

Trauben-Eiche
61

Rot-Eiche
62

Efeu
63

Silber-Pappel
64

Zitter-Pappel
65

Ginkgo
66

Zusammengesetzte Blätter

Echte Walnuss
67

Esche
68

Essigbaum
69

Chinesischer Götterbaum
70

Robinie
71

Vogelbeere
72

Schwarzer Holunder
73